Wilhelm Emmanuel Ketteler

Freiheit, Autorität und Kirche

Wilhelm Emmanuel Ketteler

Freiheit, Autorität und Kirche

ISBN/EAN: 9783743302501

Hergestellt in Europa, USA, Kanada, Australien, Japan

Cover: Foto ©Lupo / pixelio.de

Manufactured and distributed by brebook publishing software
(www.brebook.com)

Wilhelm Emmanuel Ketteler

Freiheit, Autorität und Kirche

Freiheit,

Autorität und Kirche.

Erörterungen

über

die großen Probleme der Gegenwart

von

Wilhelm Emmanuel

Freiherrn von Ketteler,

Bischof von Mainz.

Zweite Auflage.

Mainz,

Verlag von Franz Kirchheim.

1862.

Cognosce causam belli,
Fortem non nescias hostem
Et libertatem in medio arbitrii.
Si tollis hostem, tollis et pugnam;
Si tollis pugnam, tollis et coronam;
Si tollis libertatem, tollis dignitatem.

S. COLUMBANUS ad Fratr. Epist. IV.

ap. Galland. Tom. XII.

Vorwort.

Es ist wiederholt die katholische Tagespresse in Deutschland öffentlich besprochen worden; ihr Zustand, ihre Aufgabe, Vorschläge zur Beseitigung der vorhandenen Mißstände.

Dieser Gegenstand ist nun in der That von der höchsten Bedeutung und verdient die innigste Theilnahme Aller, die ein Herz für katholische Angelegenheiten haben. Der Einfluß der Tagespresse auf die Entwickelung aller Verhältnisse der Gegenwart, auf die Denkweise und Gesinnung der Menschen ist unermeßlich und noch fortwährend im Wachsen. Die Erzeugnisse der Tagespresse sind für einen großen Theil der Menschen entweder die einzige Quelle ihrer ganzen Bildung, oder doch der Maßstab ihres Urtheils. Zudem steht die Tagespresse in der innigsten Beziehung zu unserem conſtitutionellen Leben und zu den Kammermajoritäten, die ja gleichfalls ihren Einfluß auf alle Verhältniſſe des Staatslebens mehr und mehr geltend machen. Die öffentliche Preſſe übt auf dieſelben einen ganz entſchei= denden Einfluß, lenkt und leitet ſie vielfach; ihr Lob iſt vielfach für Volksvertreter und Staatsmänner der höchſte Lohn, ihr Tadel das größte Unglück. Die Verhandlungen der Kammern ſind oft der Ausdruck nicht der Bedürfniſſe des Volkes, ſondern der Anſichten der Tagespreſſe. Dieſen unläugbaren Thatſachen gegenüber ſteht es leider feſt, daß die Geſinnung der Katholiken, ihre Rechte und Intereſſen in der geſammten Preſſe in Deutſchland nur in einem unendlich kleinen Maße vertreten ſind. Während mehr als die Hälfte aller Bewohner Deutſch= lands der katholiſchen Kirche angehört, kommen dennoch eigentlich katholiſche Lebensanſchauungen nicht über den engen Kreis einiger wenigen katholiſchen Blätter und ihrer Leſer hinaus. Die katholiſche Kirche iſt förmlich von der herrſchenden Richtung in der Tagespreſſe in Acht und Aberacht erklärt. Letztere bemüht ſich den Standpunkt einzunehmen, als ob es eigentlich in Deutſch= land keine Katholiken mit katholiſchen Grundſätzen mehr

gäbe. Von katholischen Männern, katholischen Unter=
nehmungen redet diese Presse nicht mehr; ein Unrecht
gegen Katholiken scheint sie nicht zu kennen; von der
katholischen Kirche nimmt sie meistens nur dann Notiz,
wenn irgend ein Scandal, irgend ein Aergerniß zu be=
richten ist. Diese Presse mit ihrem Anhange beherrscht
so vollständig alle Locale, wo Zeitungen in Deutsch=
land aufgelegt und gelesen werden, daß man weit in
Deutschland hin und her reisen kann, ohne in denselben
auch nur eine Lebensregung von dem Dasein eines
katholischen Volkes anzutreffen. Eine Besprechung dieser
Verhältnisse ist daher gewiß von überaus großer Wich=
tigkeit.

Um aber Einheit und Kraft in die katholische Tages=
presse zu bringen, ist uns, wie mir scheint, vor allem
Anderen, was in dieser Richtung geschehen kann und
muß, K l a r h e i t nothwendig: Klarheit über unsere
Lage; Klarheit über die Gefahren, die uns drohen;
Klarheit über die Forderungen, die wir an den Zeit=
geist stellen müssen; Klarheit über Das, was in den
Richtungen der Welt wahr oder unwahr, Recht oder
Unrecht ist; Klarheit über die Hauptgesichtspunkte,

welche die katholische Presse und alle zum öffentlichen
Leben und Wirken berufenen katholischen Männer in
der Gegenwart mit Nachdruck und Ausdauer geltend
zu machen haben. Diese Klarheit ist wichtiger als alle
anderen Maßregeln zur Hebung der katholischen Presse.
Um einmüthig mit der ganzen geistigen Macht, die
ohne Zweifel im katholischen Deutschland vorhanden
ist, in das öffentliche Leben einzutreten, müssen wir
vor Allem wissen, was wir wollen. Darin sind
uns unsere Gegner unendlich überlegen. Das katholische
Gewissen ist im hohen Grade zart und furchtsam und
so lange es nicht vollkommen über das Rechte und
Gute orientirt ist, wagt es nicht aufzutreten. Viele
schlummernde Kräfte, die mit großem Schmerze sehen,
wie der größte Theil der deutschen Presse Alles, was
sie lieben und ehren, mit Füßen tritt, während so oft
das Schlechteste und Gemeinste hoch gehalten wird,
würden sich erheben, wenn sie mit sich selbst vollkom=
men klar wären. Wir stehen am Ende einer Zeit, wo
man alle unsere alten Wohnungen, in denen sich unsere
katholischen Voreltern eingerichtet hatten, zusammen ge=
rissen hat, und wo wir Katholiken noch nicht mit uns

ganz im Reinen find, wie wir unfere Wohnplätze in
der neuen Ordnung der Dinge auffchlagen müffen.

Bei Erörterung der großen Principienfragen der
Gegenwart bietet aber nichts eine fo große Schwierig=
keit, als die Zweideutigkeit und Vieldeutigkeit der
Worte, deren man fich bei jeder Discuffion bedienen muß.
Der heilige Vater hat schon in einer der letzten Allo=
cutionen auf diese Verfälschung des ächten Wortsinnes
hingewiesen. Die Lüge kann fich zweideutiger Worte
bedienen, um ihre Schaaren um fich zu fammeln; eine
auf Wahrheit gegründete Partei kann dagegen fchlecht=
hin keine zweideutigen Worte vertragen. Ein Pro=
gramm mit Wörtern, unter denen die verfchiedenften
Parteien die verfchiedenften Begriffe verbinden, wäre
eben nur ein leerer Schein einer Einigung. Ich habe
daher geglaubt in dem großen Kampfe, der in der
Gegenwart um die heiligften Güter geführt wird,
der Wahrheit nach dem Maße meiner Kräfte einen
Dienft zu leiften, wenn ich die Schlagwörter der Zeit
einer Prüfung unterzöge, um zu verfuchen, ob es auf
diesem Wege gelingen könne, manche vorhandene Un=
klarheit unter den Katholiken zu entfernen, und dadurch

die Einigkeit in den Bestrebungen der Katholiken auf den Gebieten des öffentlichen Lebens zu fördern. Daraus ist diese Arbeit hervorgegangen, die ich mit den bekannten Worten des h. Augustin den Lesern übergebe: Quae vera esse perspexeris, tene et Ecclesiae catholicae tribue; quae falsa, respue et mihi, qui homo sum, ignosce. (De vera relig. 20.)

Mainz, den 29. December 1861.

Inhalt.

I. Fortschritt, Aufklärung, Freiheit, Brüderlichkeit, Gleichheit.

Alle diese Worte sind und werden ohne Unterlaß gebraucht und mißbraucht; sie haben daher bei Vielen einen bösen Klang. Dennoch haben sie einen wahren, göttlichen Kern in sich, wie sehr auch Menschen ihn mit Trug und Wahn umhüllt haben. Sie schließen Ideen ein, welche die höchste Aufgabe der Menschen bezeichnen, den erhabensten Wahrheiten des Christenthums entsprechen. Es ist aber stets ein verkehrtes Verfahren, den Mißbrauch einer an sich wahren und gerechten Sache dadurch zu bekämpfen, daß man die Sache selbst von sich stößt, während vielmehr der Mißbrauch durch den rechten Gebrauch überwunden werden muß.

In dieser Hinsicht habe ich in einer Rede auf dem Begräbnißplatze zu Frankfurt vor den Leichen der am 18. September 1848 schmachvoll Ermordeten und in Gegenwart der um sie versammelten Mitglieder der Nationalversammlung folgende Worte gesprochen:

„Nun aber tritt an diesen Gräbern ein Gedanke heran an meine Seele, den ich euch, meine christlichen Brüder, zum Schluß noch aussprechen muß. Ich sehe in der Welt

1

auf der einen Seite ein gewaltiges Ringen und Drängen
und Streben nach den höchsten Idealen, die die Menschen=
seele zu fassen vermag, und auf der andern Seite sehe ich
ein Aufkeimen so niederträchtiger Leidenschaften, — ich hatte
im Angesicht der mit thierischer Wuth zerfleischten Leichen
des Fürsten Lichnowsky und des Generals von Auers=
wald ein doppeltes Recht von ihnen zu reden, — wie sie
kaum je in der Menschheit da gewesen; ich höre den Ruf
nach einem allgemeinen Frieden, — und wessen Seele möchte
nicht jubelnd darin einstimmen? — und ich sehe die Men=
schen sich immer mehr zertheilen, zertrennen und zerklüften,
den Vater vom Sohne, den Bruder von der Schwester,
den Freund vom Freunde; ich höre den Ruf nach Gleich=
heit unter den Menschen, welche uns die Botschaft des
Heiles schon seit Jahrtausenden gelehrt, und ich sehe ein
wahnsinniges Streben des Einen sich über den Andern zu
erheben; ich höre den schönen, erhabenen Ruf nach Brüder=
lichkeit und Liebe, der so ganz ein Ruf ist vom Himmel
uns zugetragen, und ich sehe den Haß und die Verlaum=
dung und die Lüge sich unter den Menschen verbreiten;
ich höre den Hülferuf unserer armen leidenvollen Mitbrü=
der — und wer, der sich nicht beide Augen ausgerissen,
kann es läugnen, daß die Noth unter ihnen groß ist, und
wer, der sich das Herz nicht aus der Brust gerissen, stimmt
nicht aus voller Seele ein in diesen Hülferuf? — und ich
sehe die Habgier und den Geiz zunehmen, die Genußsucht
immer wachsen, ich sehe Menschen, die sich Männer des
Volkes nennen, nichts Anderes treiben, als die Noth ver=
mehren, die Arbeitslust untergraben und ihre armen ver=

führten Mitbrüder auf die Taschen ihrer Mitmenschen hetzen, während sie selbst nicht daran denken, ihren Seckel den Armen zu öffnen, ich sehe sie die Christenlehre zerstören, die da befiehlt, mit dem eigenen Seckel anzufangen, die da prebigt: Willst du vollkommen sein, so verkaufe, was du hast, und gib es den Armen; ich höre den Ruf nach Freiheit und ich sehe da Menschen gemordet, die es gewagt haben, ein freies Wort zu sprechen; ich höre den Ruf nach Einheit und ich sehe den einen Stamm des Volkes mit dem anderen in blindem, unversöhnlichem Haber; ich höre den Ruf nach Humanität und ich sehe eine Brutalität, die mit Schauder erfüllt. O ja, ich glaube an die Wahrheit aller dieser erhabenen Ideen, welche die Welt jetzt bewegen; mir ist keine zu hoch für die Menschen; ich glaube, daß es ihre Aufgabe ist, sie alle zu erfüllen, und ich liebe die Zeit, weil sie so gewaltig nach ihnen ringt, so weit sie auch von ihrer Erreichung entfernt ist. Aber, und das ruft uns das Grab unserer Freunde in Verbindung mit so vielen anderen Erscheinungen der Gegenwart zu, es gibt nur Ein Mittel, um diese erhabenen Ideen zu verwirklichen, nämlich daß wir uns wieder hinwenden zu Dem, der sie der Welt zugetragen hat, zu dem Sohne Gottes, Jesus Christus. Christus hat uns jene Lehren verkündet, welche uns die Menschen, die von ihm abgefallen sind und ihn verhöhnen, jetzt als ihr Werk, als ihre Lehre ausgeben; er hat sie aber nicht bloß gelehrt, sondern auch selbst in seinem Leben geübt, und uns den einzigen Weg gezeigt, um sie in unser Leben einzuführen. Er ist der Weg, die Wahrheit und das Leben, außer ihm ist Irrthum

Lüge und Tod. Durch ihn vermag die Menschheit Alles, das Höchste und Idealste, ohne ihn vermag sie Nichts. Mit ihm, in der Wahrheit, die er gelehrt, auf dem Wege, den er gewiesen, können wir die Erde zum Paradiese machen, können wir die Thränen unserer armen, leidenden Brüder trocknen, können wir Liebe, Eintracht und Brüder= lichkeit, wahre Humanität in vollendeter Weise begründen, können wir — ja ich behaupte es aus der tiefsten Ueber= zeugung meiner Seele — selbst Gemeinschaft der Güter und den ewigen Frieden herstellen und zugleich die freiesten so= cialen und politischen Institutionen schaffen, — ohne ihn werden wir mit Schmach, Schande und Elend zu Grunde gehen, ein Spott und ein Hohn für die Nachwelt. Das ist die Wahrheit, die uns aus diesen Gräbern entgegen tönt, die der Verlauf der Weltgeschichte bestätigt, — möchten wir sie beherzigen!"

Ich kann auch jetzt nur dieselbe Ueberzeugung aus= sprechen.

Die Worte, Fortschritt, Aufklärung, Frei= heit, Brüderlichkeit, Gleichheit haben einen erha= benen, himmlischen, göttlichen Sinn. Sie enthalten eine große Wahrheit, eine von Gott den Menschen gegebene hohe Aufgabe, und das ist der Grund, weßhalb sie über die Herzen eine so gewaltige Macht üben, zum Segen oder zum Verderben, zur rechten Führung oder zur Verführung. Nur unter dem Scheine der Wahrheit und des Guten können die Menschen zur Lüge und zum Bösen verleitet werden. Diese Thatsache ist auf der einen Seite überaus troſtreich: denn ſie legt ein offenbares Zeugniß dafür ab, daß der Menſch in dem Grunde ſeiner Seele nur für die Wahrheit und das Gute beſtimmt iſt; ſie iſt aber zugleich auch von der höchſten Bedeutung für die Beurtheilung aller Zuſtände in der Welt: denn wer ſie nicht fortwährend im Auge hat, iſt in Gefahr ſelbſt die Wahrheit zu verletzen wegen der Lüge, die ſich ihrer als Mittel bedient.

Nur das Chriſtenthum gibt uns aber den vollen und wahren Sinn jener Worte an und es iſt nothwendig, die Welt oft daran zu erinnern, daß über die wahre Würde des Menſchen, über die Erhabenheit ſeiner Beſtimmung, über das rechte Verhältniß der Menſchen zu einander nie Größeres gedacht und geſprochen wurde, als Chriſtus gelehrt und ſeine Kirche verkündigt. Chriſtus und ſeine Kirche nämlich lehren uns, daß Gott den Menſchen als ein Bild, das ihm ähnlich iſt, erſchaffen hat. Gott hat die Züge ſeines göttlichen Weſens, ſeiner göttlichen Wahrheit und ſeiner göttlichen Liebe der menſchlichen Natur unauslöſch= lich eingeprägt. Aus dieſer Anſchauung folgt nothwendig die höchſte Achtung vor allen Menſchen. Gott hat aber den Menſchen, den er aus Liebe erſchaffen, nicht ſich ſelbſt überlaſſen; er bleibt vielmehr mit ſeinem Geſchöpfe, wie es dieſelbe Liebe fordert, in der innigſten Wechſelbeziehung und fährt fort, daſſelbe mit göttlicher Freigebigkeit mit im= mer neuen Gaben zu bereichern, mit Gaben, welche über das Maß der in der Schöpfung verliehenen natürlichen Kräfte weit hinausgehen. So will Gott den Menſchen als ein ewiges Denkmal ſeiner Liebe und des Reichthums ſeiner Erbarmungen zu einer überaus erhabenen Lebensgemein-

schaft mit sich selbst erheben. In dieser fortgesetzten Spen=
dung neuer Wohlthaten und Gaben Gottes an die Menschen
empfangen wir das, was die christliche Lehre die überna=
türlichen Gnaden nennt.

Der Mensch hat aber seine Freiheit mißbraucht, sich
von Gott durch die Sünde getrennt und dadurch nicht nur
die übernatürliche Lebensgemeinschaft mit Gott verloren,
sondern auch das natürliche Bild Gottes in sich — nämlich
die Fähigkeit Wahrheit zu erkennen und Gutes zu wählen —
beschädigt. Aus dieser Sünde entspringt auch alles Elend
des Leibes und der Seele, womit der Mensch und die
Menschengeschichte seitdem erfüllt ist.

Diese zerrissene Lebensgemeinschaft mit Gott konnte
aber nicht ohne den Menschen wieder hergestellt werden,
weil Gott ihm die Freiheit gegeben hatte und er mit freiem
Willen ihm dienen sollte. Die Wiederherstellung konnte aber
auch nicht allein vom Menschen ausgehen, weil der sündige
Mensch jedes Anrecht auf diese Gemeinschaft verloren und
vielmehr durch seine Schuld nur Strafe von der Gerechtig=
keit Gottes verdient hatte. Da vollbrachte Gott das neue
Werk seiner Erbarmungen: denn, wie der Heiland selbst
sagt, so sehr liebte er die Menschen, daß er seinen Sohn
für sie dahin gab, „damit Alle, die an ihn glauben, nicht
verloren gehen, sondern das ewige Leben haben [1].“ Gott
selbst wird Mensch, um den gefallenen Menschen zu erlösen,
ihn wieder mit sich zu vereinigen, und, wie der h. Petrus

---

1) Joh. 3, 16.

in der erhabensten Weise sagt, die menschliche Natur wie=
der der göttlichen Natur theilhaftig zu machen[1]).

Darin besteht die ganze Aufgabe des Christenthums;
das ist nun für immer das Ziel des wahren Fortschrit=
tes, zu dem Gott alle Menschen berufen hat. Christus
aber ist auf diesem Wege von dem tiefsten Elende bis zu
jener erhabenen Vereinigung mit Gott der alleinige
Mittler und Wegweiser. Die Wiederherstellung und Er=
hebung des Menschen ist daher ohne Unterlaß auf der
einen Seite das Werk des sich ununterbrochen zu dem
Menschen, ohne dessen Verdienst, liebevoll und gnädig her=
ablassenden Gottes; auf der anderen Seite das Werk
des dieser himmlischen Einladung mit freier Einwilli=
gung folgenden Menschen. Diese Wahrheit drückt das
Christenthum in seiner Lehre von der Nothwendigkeit der
Gnade aus, ohne welche der Mensch zu jener Wiederver=
einigung nicht gelangen kann. Die Anerkennung der Noth=
wendigkeit der Gnadenhülfe bildet das Wesen der christli=
chen Demuth.

Wenn aber Gott den Menschen zu sich erheben und
das verunstaltete natürliche Bild Gottes in ihm nicht nur
herstellen, sondern weit über die natürlichen Anlagen hin=
aus vollenden will, so kann Das nur dadurch geschehen,
daß er sein göttliches Wesen, welches in der ewigen Wahr=
heit und Liebe besteht, ihm immer vollkommener und leben=
diger einprägt. Das ist nun im Einzelnen die Bestimmung
und das Ziel der Lehren und der Sacramente des Christen=

---

1) II Petr. 1, 4.

thums. Sie sind die göttlichen Werkzeuge, wodurch das
göttliche Leben, die göttliche Wahrheit, die göttliche Liebe
dem einzelnen Menschen mitgetheilt wird, um so das gött=
liche Bild in ihm zu vollenden und ihn auf das Innigste
mit Gott zu vereinigen. Dieses Band der Menschen mit
Gott wird dann zugleich auch ein heiliges Band, welches
die Menschen untereinander zu einer großen Familie ver=
bindet und sie alle zu geliebten Kindern des Einen himmli=
schen Vaters macht. Das ist Fortschritt, Brüder=
lichkeit, Aufklärung im christlichen Sinne. Mit dieser
Lehre wendet sich das Christenthum an Alle, Hohe und
Niedere, Reiche und Arme, bis zum geringsten Sklaven, der
als Waare verkauft wird. Alle sollen Kinder Gottes, Alle
Erben des Himmels, Alle Tempel des heiligen Geistes
werden. Alle sind erkauft mit Christi Blut, Alle sollen zum
Besitze und zur Anschauung Gottes gelangen, um aus dem
Urquelle selbst ewig Wahrheit und Liebe und Glückseligkeit zu
trinken. Dieses ihres Endzieles gedenken die Christen, wenn
sie auf dieser irdischen Pilgerfahrt die christlichen Geheim=
nisse feiern und dann nach jener himmlischen Heimath hin=
blickend beten: „O Gott, verleihe uns, daß wir einst ewig
durch den Genuß Deiner Gottheit selbst erfüllt werden,
dessen Vorbild wir hier jetzt feiern im Genusse Deines
Fleisches und Blutes [1] !"

In der Würdigung dieser Wahrheiten scheint es mir:

Erstens: daß wir Katholiken uns wohl vor dem
Scheine hüten müssen und daß deßhalb auch die katholische

---

[1] Missa de Sanctissimo Sacramento.

Preſſe den Schein vermeiden muß, als ob wir dagewesene Zuſtände, ſociale und politiſche Formen der Vergangenheit für unverbeſſerlich hielten, als ob es unſer Beſtreben wäre, ſie in jeder Hinſicht zu loben und der Zukunft als einziges Heilmittel anzuempfehlen. Die ausgeſprochenen Wahrheiten beziehen ſich zwar zunächſt auf den moraliſchen und ſittli= chen Fortſchritt der Menſchen; von dieſem hängt aber der ſociale und politiſche ab und wir können nicht im Voraus beſtimmen, welche bürgerliche und geſellſchaftliche Geſtalt= ungen der Geiſt des Chriſtenthums, wenn er einmal Alles durchdrungen, in der Menſchheit hervorbringen wird.

Zweitens müſſen wir demnach in den Richtungen der Zeit das Berechtigte von dem Unberechtigten unter= ſcheiden, die Löſung der großen Probleme der Gegenwart in den Wahrheiten des Chriſtenthumes ſuchen, dieſe den Trugbildern des Zeitgeiſtes entgegenhalten und ſo eine hohe, wahre ideale Richtung verfolgen. Um aber hierbei nicht irre zu gehen, müſſen wir

Drittens je freudiger, je friſcher, je kräftiger wir die katholiſche Lebensanſchauung geltend machen, deſto treuer und demüthiger den Wahrheiten der katholiſchen Glaubens= lehre uns hingeben. Die Wahrheiten der Offenbarung, wie ſie das von Chriſtus beſtellte Lehramt uns darſtellt, ſind in ihrer Art, was die Fundamentalaxiome für die Mathema= tik, was die Geſetze der Logik für das formale Denken, was die höchſten Sittengeſetze für das Handeln ſind. Alle dieſe Grundformen und Grundgeſetze ſind an ſich unverän= derlich, ihre Anwendung aber iſt wunderbar mannigfaltig. Nach denſelben Geſetzen, mit denen das Kind ſeine kleine

Tafel mißt, berechnet der Gelehrte die Bewegungen der Himmelskörper. So geht es auch mit den Dogmen der Kirche. Sie sind für uns Wahrheiten, die Gott, die ewige Wahrheit, uns kundgegeben hat; sie sind deßhalb, wie jede Wahrheit, an sich unveränderlich. Was wahr ist, ist ewig wahr. Sie sind aber nur Fundamente, Grundsäulen, auf die der Mensch dann sein eigenes Leben und sein gesell= schaftliches Leben unter der Leitung der in der Geschichte sich offenbarenden Vorsehung gründen soll. Unsere Aufgabe ist es, auf den Grund dieser Wahrheiten das ganze Leben des Menschengeschlechtes nach allen seinen Beziehungen auf= zubauen. Je eifriger wir aber bemüht sind, an diesem Got= tesbau als Arbeiter mitzuwirken, desto fester müssen wir selbst auf seinem göttlichen Fundamente stehen.

II. Freiheit im Allgemeinen.

Kein Wort wird mehr gebraucht, keines aber auch mehr mißbraucht, als das Wort „Freiheit." Es liegt in ihm ein wunderbarer Zauber, der immer und überall im Stande ist die Menschenherzen zu entzünden. Mag die Bildung der Menschen hoch oder niedrig stehen, — wo ein Menschenherz schlägt, empfindet es diesen Zauber. Die Macht dieses Wortes kommt aber nicht von Aussen, sondern von dem tiefsten, innersten Bedürfnisse der menschlichen Seele her. Mit dem wahren Sinne dieses Wortes hängt die höchste Würde des Menschen, der gnadenreichste Plan der göttlichen Vorsehung innig zusammen. Der Lügengeist dagegen hat aus diesem Worte ein häßliches Zerrbild gemacht und selbst dieses Zerrbild vermag die Welt in Gährung zu versetzen. Hier insbesondere kann aber die Lüge nur durch die Wahrheit überwunden werden. Nichts ist gefährlicher, als den wahren, göttlichen Sinn dieses Wortes seines Mißbrauches wegen zu verkennen. Jemehr daher die Lügenpresse den Sinn desselben entstellt, um so mehr sollte die Presse, die der Wahrheit dient, seine wahre Bedeutung sich klar machen und sie jenem Trugbilde entgegenstellen. Auch hier genügt es, die christlichen Gedanken, wie sie in der Kirche so vielfach ausgesprochen sind, zu entwickeln, um den vollen, wahren Sinn der Freiheit zu erkennen. Die Freiheit im christlichen Sinne verglichen mit jener, die auf allen Plätzen zur Verführung des Volkes geprebigt wird, ist wie klares Sonnenlicht neben einer trüben qualmenden Fackel.

Nur beim Menschen kann auf Erden von Freiheit die Rede sein, alles Andere in der Natur ist unfrei. Das Christenthum erklärt uns diese Erscheinung. Die Freiheit des Menschen ist ein Ausfluß seiner Gottähnlichkeit, ein Abglanz des göttlichen Wesens in der Menschenseele. Daraus ergibt sich, daß die Freiheit des Menschen Aehnlichkeit mit der Freiheit hat, die in Gott ist, aber auch von ihr wesentlich verschieden sein muß.

Die Freiheit Gottes ist, wie das Wesen Gottes, unbedingt und unbeschränkt: Er allein hat die höchste, wahre Souveränetät. Sein Leben, sein Wollen, sein Thun ist nur durch ihn selbst bestimmt. Seine Freiheit nach Aussen ist eine unendliche Wahlfreiheit. An dieser Freiheit nimmt nun der Mensch in einer gewissen Aehnlichkeit Antheil, aber nur insoweit es seine geschöpfliche Natur zuläßt.

Die Freiheit des Menschen kann folglich nie eine unbeschränkte sein; sie ist vielmehr nothwendig mit der Pflicht verbunden, sich dem göttlichen Willen frei zu unterwerfen. Gott steckt ihr gewisse Grenzen, die sie nicht überschreiten darf, damit seine heiligen Pläne nicht von dem empörten Menschenwillen vereitelt werden.

Die Freiheit des Menschen bezieht sich auch nicht auf

alle Bestimmungen seines Daseins; Vieles ist ihr theilweise, Vieles ganz entzogen. Seine Geburt, sein Tod, seine wichtigsten Lebensverhältnisse sind von seinem Willen unabhängig. Auch die Hauptbestimmung seines Daseins ist seiner freien Wahl entzogen; mit derselben Nothwendigkeit, mit der er das Dasein hat, muß er nach Glückseligkeit streben. Die Freiheit des Menschen bezieht sich vielmehr hauptsächlich auf die freie Wahl der Mittel, durch die er die Glückseligkeit zu erlangen sucht.

Nach diesen allgemeinen Bemerkungen wollen wir die Freiheit mehr im Einzelnen betrachten.

III. Die sittliche Freiheit.

Die sittliche Freiheit auf Erden besteht nach der Lehre der katholischen Kirche in der innern, freien Selbstbestimmung des Menschen zum Guten, verbunden mit freier Wahl und insbesondere mit der Möglichkeit der Wahl des Bösen. Dieser Begriff schließt also e r st e n s allen äußeren Zwang aus, der den Menschen bloß äußerlich zum Guten antreibt; er schließt z w e i t e n s auch jede innere Nothwendigkeit aus, kraft welcher der Wille zwar nicht von Außen, aber durch eine innere Nöthigung bestimmt würde dieses oder jenes zu wollen, ohne die Möglichkeit zu haben es auch nicht zu wollen, weßhalb sittlich frei nicht gleichbedeutend mit frei= willig ist; und er setzt d r i t t e n s für die Dauer unseres irdischen Lebens auch die Möglichkeit des Bösen voraus, was die Bedingung unseres Verdienstes und somit der Erfüllung der Aufgabe unserer Bestimmung auf Erden ist, wo wir uns den Himmel verdienen sollen.

Auf diesen erhabenen, die Würde des Menschen so hoch stellenden Begriff von Freiheit hat nun die katholische Kirche ihr ganzes Lehrgebäude von dem christlichen Leben aufgeführt. Alle Lehrer der Kirche, welche die christliche

Sittenlehre behandeln, unterscheiden sofort im Eingange zwischen Handlungen der Menschen, die in dem eben ange=gebenen Sinne frei sind, und den unfreien Handlungen derselben. Sie legen dann nur jenen freien Handlungen nach einem ganz allgemeinen Gebrauche der katholischen Wissen=schaft die Eigenschaft eigentlich menschlicher Hand=lungen bei, d. h. solcher, die in der eigenthümlichen Würde der menschlichen Natur vollbracht sind, und er=klären sofort, daß nur von diesen freien menschlichen Handlungen die gesammte christliche Sittenlehre handle, während die unfreien Handlungen als solche, die der Mensch auch mit dem unvernünftigen Geschöpfe gemein habe, von ihr gänzlich ausgeschlossen seien. Als die drei Hauptbe=standtheile der sittlichen Handlung stellen sie daher auf: erstens ein inneres der Handlung vorhergehendes Urtheil über ihren Werth; zweitens einen freien inneren Ent=schluß, aus dem die Handlung wie aus ihrer Quelle her=vorgeht; und drittens die Möglichkeit sich auch anders zu entschließen.

Mit dieser Lehre in Verbindung steht dann die andere über das Gewissen des Menschen, wo abermals, ich möchte sagen, die hohe Ehrfurcht, welche die Kirche vor diesem Heiligthum des Menschen, nämlich der inneren Frei=heit hat, so leuchtend hervortritt. Das Gewissen ist, nach katholischer Lehre, das innere Urtheil, wodurch der Mensch nach reifer Ueberlegung das, was er innerlich für wahr und recht erkennt, auf sein Leben, auf seine Handlungen an=wendet, und nach welchem er dann zur Ausführung schreitet. Dieser wunderbaren innern Seelenthätigkeit, — in welcher der Mensch gleichsam über sich und über die ganze Welt zu Gerichte sitzt und, nur in unvergleichlich höherer und allgemeinerer Weise, dasselbe thuet, was in ihren beschränkten Kreisen, für ihr Gebiet, menschliche Gerichtshöfe vollbringen, — legt die Kirche eine so hohe Selbstständigkeit bei, daß sie schon dem Kinde, das sie erzieht, als ein göttliches Gebot verkündet: Alles, was gegen dein Gewissen ist, es mag kommen von Außen, woher es will, ist Sünde und du mußt bereit sein lieber zu sterben, als je in deinem Leben gegen dein Gewissen zu handeln. Dabei anerkennt freilich die Kirche, daß es auch ein irriges Gewissen geben kann, und sie hört beßwegen nicht auf, daran zu erinnern, welch' ein Verderben aus dem selbstverschuldeten Irrthum des Gewissens hervorgeht und welche Verantwortung der Mensch dadurch sich vor Gott auflade, der einst die Acte dieses inneren Gerichtshofes der Menschen vor sein ewiges Gericht ziehen und nach dem ewigen Gesetze über sie richten wird.

IV. Ueberzeugungsfreiheit.

Ebenso wie die katholische Kirche in Anerkennung der sittlichen Freiheit den Satz ausspricht: „Was gegen das Gewissen ist, ist Sünde," so lehrt sie nicht minder in An= erkennung der vernünftigen Freiheit mit dem h. Apostel **Paulus** das rationabile obsequium, den vernünftigen Gehorsam des Glaubens — und das ist wieder eine Freiheit des menschlichen Geistes und zwar auf dem zweiten Haupt= gebiete seines geistigen Lebens, nämlich der Erkenntniß der Wahrheit. Wie die katholische Kirche das Sittlichgute wesent= lich in die innere freie Wahl setzt', so fordert sie für jede Wahrheitserkenntniß, die des Menschen würdig ist, die freie innere Zustimmung der Vernunft. Die Beweggründe zum Sittlichguten wie zum Vernünftigwahren, die Wurzeln, aus denen Moralität und Wahrheitserkenntniß entspringen, dürfen nicht bloß außer dem Menschen liegen; sie müssen zugleich aus seinem eigensten inneren Wesen hervorgehen. Wie man ein Haus nicht bauen kann auf einem fremden Fundamente, so kann man wahre menschliche Sittlichkeit nicht bauen auf einen fremden Willen, wahre eigene Ueber= zeugung auf einen fremden Gedanken. Mag der fremde Wille noch so gut, der fremde Gedanke noch so wahr sein, — er muß erst Wille und Gedanke in der eigenen Seele wer=

2

ben, ehe er eine sittliche vernünftige Unterlage für das
Wollen und Denken des einzelnen Menschen wird. Dieses
wahrhaft furchtbar hohe Recht, in dem so ganz die Würde,
aber auch die Gefahr in der Lage des Menschen zu Tage
tritt, hat Gott sogar den Menschen Sich Selbst gegenüber
eingeräumt, — um wie viel mehr in ihrem Verhältniß zu
einander.

Ganz denselben Grundsatz wendet nun die Kirche auch
auf den Glauben an. Der h. Thomas von Aquin, der
uns hier den Gedanken der Kirche aussprechen soll, behandelt
die Frage über den Grund des Glaubens und sagt
hierüber:

„Zum Glauben wird zweierlei erfordert: erstens ein
glaubwürdiger Gegenstand, zweitens die Zustimmung zu
demselben. Was nun die Zustimmung betrifft, so ist ein
äußeres Motiv — wie z. B. ein Wunder, welches wir
sehen, oder die Ueberzeugung dessen, der uns die Glaubens=
lehre vorträgt, — noch keine hinreichende Ursache. Es
muß vielmehr noch eine andere innere Ursache vorhanden
sein, die den Menschen innerlich antreibt, seine Zustimmung
zu geben; und dieses ist der hauptsächliche und eigentliche
Glaubensgrund.

Diesen (inneren) Grund setzten nun aber die Pela=
gianer einzig in den freien Willen des Menschen; was wie=
der irrig ist.

Der Glaube beruht nämlich zwar auf dem (freien)
Willen der Gläubigen, aber der Wille muß zuvor von Gott
zubereitet werden durch seine Gnade. Und in so weit ist der
Glaube hinsichtlich der Zustimmung, die den Hauptact des

Glaubens ausmacht, von Gott, der uns durch die Gnade
innerlich anregt¹)."

Wir können hiernach den christlichen Glauben bestim=
men als die unter dem Einfluß der göttlichen Gnade statt=
findende Zustimmung des freien Willens und des Verstan=
des zu den von Gott geoffenbarten Wahrheiten. Der
Glaube ist also ein Geschenk der Gnade, insofern erstens
der Gegenstand desselben Wahrheiten sind, die Gott uns
durch die Propheten des alten Bundes und zuletzt durch
seinen Sohn kund gegeben hat, und insofern zweitens die
Glaubenserkenntniß unter dem Einfluß der väterlichen gött=
lichen Fürsehung, einer von ihr ausgehenden inneren An=
regung, Erleuchtung und Stärkung des menschlichen Geistes
stattfindet. Wie der Arzt das kranke und schwache Auge
heilt und stärkt, so heilt, stärkt und erleuchtet Gott in
seiner Liebe das kranke und schwache Auge der Vernunft,
damit es die göttlichen Wahrheiten der Offenbarung erkenne

---

1) Ad fidem duo requiruntur; quorum unum est, ut credibilia
proponantur, aliud est assensus ad ea.

Quantum vero ad assensum ... causa exterius inducens, sicut
miraculum visum vel persuasio hominis inducentis ad fidem, non est
sufficiens causa ... Et ideo oportet ponere aliam causam interiorem,
quae movet hominem interius ad assentiendum ..., et est principalis
et propria causa fidei. Hanc autem causam Pelagiani ponebant *solum*
liberum arbitrium, sed hoc est falsum.

Credere quidem in voluntate credentium consistit, sed oportet,
quod voluntas praeparetur a Deo per gratiam. Et *ideo* fides quantum
ad assensum, qui est principalis actus fidei, est a Deo interius
movente per gratiam. Summa Theologica IIa IIae q. VI. art. 1.

und anerkenne. Das ist die eine Seite der Glaubenser=
kenntniß, die That Gottes. Ihr muß aber entsprechen die
andere, die freie That des Menschen, der menschlichen
Seele mit allen ihren Kräften, die sich freudig und jubelnd
dem offenbarenden Gotte hingibt und mit unendlichem
Danke Gott preist, daß er sie von ihrer hinfälligen Ohn=
macht erlöset hat. Beide Thaten zusammen bilden dann
jenes Wunder in der Geschichte der Menschheit, jenen star=
ken, festen Glauben, jene heilige Ueberzeugung, die alle
bloß menschliche Ueberzeugung weit übertrifft und die zahl=
losen Märtyrer des Glaubens hervorgerufen hat.

In dieser doppelten Freiheit, der sittlichen und der
vernünftigen, besteht nun eigentlich das Wesen der mensch=
lichen Freiheit. Wer sie hat, besitzt die wahre Menschen=
würde, wenn ihm auch alle anderen Freiheiten fehlen soll=
ten. Wer sie nicht hat, der entbehrt der Menschenwürde,
wenn er auch im Besitze aller anderen Freiheiten und dazu
aller menschlichen Ehren ist. Der Mißbrauch dieser Dop=
pelfreiheit besteht für den Willen in der Wahl des Bösen,
für die Vernunft in der Wahl der Lüge. Dieser Mißbrauch
führt dann zur tiefsten Erniedrigung des Menschen, wenn
nämlich der Mensch endlich mit jenem Willen, den er frei
dem höchsten Gute unterwerfen soll, ein Sklave schlechter
Leidenschaften, und mit jener Vernunft, mit der er das
ewige Licht erkennen soll, ein Sklave der Lüge und der
Finsterniß wird.

Von jener doppelten Freiheit spricht denn auch die
göttliche Offenbarung selbst und die heilige Schrift.

Als der Heiland einst (Joh. 8, 31.) mit den Juden,

die auf ihre von Gott ihnen gewährte Freiheit unter den Völkern der Erde stolz waren, redete, sagte er ihnen: „Wenn ihr in meiner Lehre verbleibet, werdet ihr wahrhaft meine Jünger sein. Ihr werdet die Wahrheit dann erken= nen, und die Wahrheit wird euch frei machen." Sie ant= worteten ihm: „Wir sind Nachkommen Abrahams und haben niemals Jemanden gedient, wie sagst du, ihr werdet frei werden?" Jesus antwortete ihnen: „Wahrlich, wahrlich sage ich euch, Jeder, welcher Sünde thuet, ist ein Knecht der Sünde . . . Wenn euch aber der Sohn frei macht, so werdet ihr wahrhaft frei sein."

Daraus ergibt sich auch der andere Gedanke, der so oft in den Briefen der Apostel vorkommt, daß die wahre Freiheit darin besteht, freiwillige Knechte des Herrn zu werden. So sagt der Apostel: „Ein Jeder bleibe in dem Berufe, in dem er berufen ist. Bist du als Knecht berufen, so laß es dich nicht kümmern, . . . denn wer im Herrn be= rufen ward als Knecht, ist ein Freigelassener des Herrn; deßgleichen wer als Freier berufen ward, ist ein Knecht des Herrn [1]."

Ganz insbesondere aber hebt die heilige Schrift die Thorheit Jener hervor, die nach anderen Freiheiten rufen, während sie die wahre sittliche Freiheit nicht besitzen. Eine ergreifende Schilderung solcher Menschen, die buchstäblich in allen Zügen auf so viele Menschen unserer Zeit paßt, findet sich II Petr. 2. Der Apostel redet dort von Menschen, die jede Obrigkeit verachten, in ihrer Tollkühnheit und Selbst=

---

1) 1 Kor. 7, 22.

gefälligkeit sich nicht fürchten, überall Spaltung einzuführen; die da lästern, was sie nicht verstehen, die in Wollust versunkene Scheusale sind, die Augen voll Ehebruch und Sünde haben, die Andere durch fleischliche Begierden zur Ausschweifung reizen; und schließt diese Schilderung mit den merkwürdigen Worten: „Sie verheißen ihnen — nämlich den Menschen, welche sie verführen — Freiheit, da sie doch selbst Knechte des Verderbens sind.“

In der sittlichen und Ueberzeugungsfreiheit haben wir aber zugleich die Grundbegriffe für jede andere Freiheit und das wahre Verständniß derselben, wie wir später sehen werden.

V. Glaube und freie Wissenschaft.

Bevor wir aber zur Betrachtung der politischen Frei=
heit übergehen, müssen wir einem Irrthume hier entgegen=
treten. Nichts ist alltäglicher als die Behauptung, daß
freie Wissenschaft, freie Ueberzeugung für den Katholiken
unmöglich sei. Diese Ansicht steht ohne Weiteres bei einem
großen Theile unserer Gegner und der Wortführer in der
Tagespresse wie ein unbestrittenes Axiom fest. Zwei recht
auffallende Kundgebungen derselben sind in der jüngsten Zeit
in die Oeffentlichkeit gedrungen. Vor einigen Monaten berich=
teten die Zeitungen, daß in Königsberg unter den Profes=
soren der Universität die Frage erhoben worden sei, ob an der
bisher ausschließlich protestantischen Lehranstalt in Zukunft
auch katholische und jüdische Lehrer angestellt werden dürften.
Bei dieser Gelegenheit sei von einem Lehrer der Univer=
sität, der wegen seiner freisinnigen Richtung berühmt ist, die
Ansicht geltend gemacht worden, daß man Juden ohne Bedenken
zulassen dürfe, nicht aber Katholiken, weil bei ihnen eine
freie Wissenschaft unmöglich sei. Es ist gar nicht möglich,
uns Katholiken eine größere Lüge und eine schwerere Be=
leidigung ins Angesicht zu werfen. Schlimmeres noch hat sich
an der Universität Tübingen ereignet. Als nämlich die
am 8. April 1857 abgeschlossene Convention in Artikel IX.

die Bestimmung getroffen hatte, daß die katholisch=theolo=
gische Facultät in Bezug auf das kirchliche Lehramt unter
Leitung und Aufsicht des Bischofs stehe; dieser daher den
Professoren und Docenten die Ermächtigung und Sendung
zu theologischen Lehrvorträgen ertheilen und nach seinem
Ermessen wieder entziehen, das Glaubensbekenntniß ab=
nehmen, auch ihre Hefte und Vorlese=Bücher prüfen dürfe:
da setzte der Senat eine Commission nieder, um zu unter=
suchen, ob die katholische Facultät unter diesen Verhältnissen
noch ein Glied der Universität sein könnte und gab auf
Grund eines von Hugo Mohl, Professors der Botanik,
erstatteten Referates an die Regierung die Erklärung ab,
daß die Professoren der katholischen Theologie von nun an
nicht mehr als Vertreter der freien Wissenschaft betrachtet
werden könnten, und darum auch unfähig geworden seien,
Mitglieder des Senates zu bleiben!

Also dadurch, daß der Katholik und der katholische
Priester seiner Kirche und den Trägern der kirchlichen Au=
torität, zunächst seinem Bischof, sich verantwortlich weiß,
verliert er das Recht, als Vertreter der Wissenschaft und
als akademischer Lehrer betrachtet zu werden! Die Herren
scheinen gar nicht mehr zu ahnen, wie tief sie durch solche
Aeußerungen das katholische Bewußtsein kränken. Man
geht so weit, den Gegensatz zwischen Katholicismus und
Protestantismus eben darauf zurückzuführen und die Welt
zu überreden, als ob das Streben nach einer vernünftigen
Wissenschaft auf Seiten der Protestanten, und das Wider=
streben gegen dieselbe auf Seiten der Katholiken recht eigent=
lich der Grund der ganzen Kirchenspaltung gewesen sei.

Wie ganz anders stellt sich dagegen die Sache dar, wenn wir die offen daliegenden Thatsachen der Geschichte befragen!

Luther stellte als Hauptlehre seines Bekenntnisses der katholischen Kirche gegenüber die Behauptung auf, daß die menschliche Natur in allen ihren höheren Fähigkeiten vollständig durch die Erbsünde verdorben sei. Aus dieser Lehre zog er den Schluß, daß der Mensch mit seinen natürlichen Kräften deßhalb nicht das geringste, auch nur natürlich Gute thuen könne, daß vielmehr alle seine Werke Sünde seien. Wenn aber die Menschennatur total verdorben ist, so ist es auch seine natürliche Vernunft. So gewiß dann jedes seiner Werke Sünde ist, ist auch jeder seiner Gedanken Irrthum. Das nahm auch Luther an, und daher stammt sein Abscheu vor aller Wissenschaft. Von diesem Standpunkt aus kam er zu der Lehre von der Sola fides. Weil nämlich der Mensch nach seiner Ansicht gänzlich verdorben ist, so dachte er sich auch die Rechtfertigung nicht als eine innere, das Innerste des Menschen heiligende, sondern zunächst als eine äußerliche, als eine Imputirung und Zudeckung mit der Gerechtigkeit Christi. Bei dieser Auffassung kann von einer Harmonie der natürlichen Seelenkräfte des Menschen und der von Christus ihm zugetragenen Gnade gar keine Rede sein. Der total verdorbenen Natur, der gänzlich erblindeten Vernunft steht die Wahrheit und Gerechtigkeit Christi rein äußerlich gegenüber. Hier ist also die Annahme eines innern ganz ungelösten Widerspruches zwischen dem natürlichen Denken des Menschen und der Offenbarung eine logische Nothwendigkeit. Wenn die Vernunft, deren Wesen

in der Fähigkeit besteht, Wahrheit zu erkennen, gänzlich ver=
dorben ist, so kann das nur den Sinn haben, daß eben
diese Fähigkeit gänzlich verloren sei. Hier ist also eine freie
Wissenschaft, eine harmonische Vereinigung der Resultate
des natürlichen Denkens und der geoffenbarten Wahrheit
rein unmöglich. Hier kann man den Zustand eines so
beschaffenen Menschen nur denken als einen permanenten
entsetzlichen Widerspruch zwischen der denkenden Seele und
den Objekten des Glaubens. Nur Eines bleibt bei jener Lehre
unbegreiflich, nämlich wie eine so verdorbene Menschennatur
auch nur zu dieser Sola fides, zu dieser gläubigen Aneig=
nung der Gerechtigkeit Christi, oder zu den Schrecken über
ihren Zustand kommen kann, von denen Luther spricht.

Gegen diese Lehre von der gänzlich verdorbenen Natur
des Menschen und der Unfreiheit des Willens ist die
katholische Kirche mit der äußersten Entschiedenheit aufge=
treten. Dieser Streitpunkt war der Hauptgegenstand der
gesammten Controverse zwischen der alten Kirche und den
Reformatoren[1]). Die Lehre Luthers schien die Verdienste
Christi zu erheben, — deßhalb die vielen Vorwürfe über
die Selbstgerechtigkeit der Katholiken, — sie trat aber in
Wahrheit die Vernunft und Freiheit des Menschen mit
Füßen und machte das rationabile obsequium, den ver=

---

1) Wir möchten hier Allen, denen es Ernst ist, über diese großen
Wahrheiten und Thatsachen sich Klarheit zu verschaffen, Möhlers
Symbolik empfehlen; dieses unsterbliche Buch, das mit dem ganzen
Ernste und der Schärfe der Wahrheit zugleich in so hohem Maße den
Geist der Liebe und Milde verbindet.

nünftigen Gottesdienst, den vernünftigen Glauben unmöglich. Die Kirche dagegen hat nicht nur die Verdienste Christi in demselben vollen Maße anerkannt, sondern auch die Rechte des vernünftigen Denkens und der sittlichen Freiheit gerettet. Was wäre wohl aus der Menschheit geworden, wenn die Lehre Luthers von der totalen Verdorbenheit der menschlichen Natur in Verbindung mit der Allgewalt des Staates nur auf ein Jahrhundert hätte allgemein eingeführt werden können! Noch waren die ersten Reformatoren nicht todt und schon standen die Humanisten, die ihren mächtigen wissenschaftlichen Trieb von der katholischen Kirche empfangen und den Anfängen der Reformation entgegenge= jubelt hatten, in ihrem Alter vor ihren Gräbern und weinten über den Untergang aller Wissenschaft [1]).

Die Lehre der katholischen Kirche läßt sich in folgende Sätze zusammenfassen:

Der Mensch hat durch die Erbsünde alle übernatür= lichen Gnaden verloren.

Die natürlichen Gaben dagegen, die das Wesen seiner menschlichen, vernünftigen Natur ausmachen, seinen freien Willen, seine Vernunft hat er nicht verloren; sie sind nur geschwächt und beschädigt.

Der Mensch kann folglich nichts übernatürlich Gutes mehr wirken.

Er kann aber ohne übernatürliche Hülfe Christi

---

1) Siehe Geschichte der Universität Erfurt, von Dr. Kampschulte und: Die Reformation, ihre innere Entwickelung und ihre Wirkungen im Umfange des Lutherischen Bekenntnisses von J. Döllinger. Band I. besonders Seite 410 ff.

manches an sich Gute thuen, manche natürliche Wahrheiten erkennen.

Deßhalb finden wir auch bei den Heiden viel Gutes und mancherlei Wahrheiterkenntniß.

Deßhalb ist ferner die Erlösung nicht lediglich als eine Imputation der Gerechtigkeit Christi und ein bloß äußer= liches Zudecken der Sünde des Menschen, sondern als eine Wiederherstellung und Heilung aufzufassen.

Deßhalb ist endlich die geoffenbarte Wahrheit nicht als ein Widerspruch gegen den verdorbenen Menschen anzusehen, sondern als eine tiefinnerliche, glückselige Heilung und Erhöhung des geistigen Menschen. Sie läßt sich zu ihm herab in Gnade und Erbarmung, sie heilt seine Wun= den, sie stärkt und erhebt ihn bis zur Anschauung Gottes.

Diese Sätze hat die Kirche ohne Unterlaß gelehrt; sie hat die Behauptung, daß das Christenthum uns nöthige Unver= nünftiges zu glauben, mit Abscheu verworfen. In allen ihren Schulen steht der Satz als Axiom da: „Was unvernünftig ist, kann und darf nicht geglaubt werden." Es kömmt daher darauf an, daß unsere Gegner der Kirche die Unvernünftigkeit ihrer Lehre nachweisen. Das haben aber bisher alle Feinde des christlichen Glaubens in allen Jahrhunderten noch nicht zu Stande gebracht. Es ist daher eine Unwahrheit und eine Injurie, wenn Professoren deutscher Universitäten uns Katho= liken den Schein anhängen, als ob wir durch unseren Glau= ben zu dem elenden Zustande der Entwürdigung und der Unterdrückung unserer Vernunft verurtheilt wären, wäh= rend vielmehr die Kirche ihre großen Kämpfe mit dem alten orthodoxen Protestantismus hauptsächlich deßhalb

geführt hat, weil die Protestanten die Freiheit des Willens
und die freie vernünftige Mitwirkung des Menschen mit
der Gnade Gottes läugneten [1]).

Woher kommt aber nun die merkwürdige Erscheinung,
daß der moderne rationalistische Protestantismus die katho=
lische Kirche als Feindin der menschlichen Vernunft und
Freiheit angreift, welche sie doch gegen die Stifter des
Protestantismus vertheidigt hat? Es erklärt sich dieß nicht
bloß aus der allerdings ungeheuren Macht des Vorur=
theiles, sondern auch und vorzüglich daraus, daß der pro=
testantische Rationalismus in seiner nach einer Seite hin
berechtigten Reaction gegen die altprotestantische Orthodoxie
in das gerade entgegengesetzte Extrem gefallen ist und nun
eine absolute Unabhängigkeit der Vernunft und des freien
Willens behauptet, welche mit jeder Autorität, darum aber

---

1) Daß es sich im Reformationszeitalter zwischen den Reformato=
ren und der Kirche um diesen Cardinalpunkt handelte, darüber hat der
Urheber der Kirchenspaltung sich oftmals und auf's Klarste ausgespro=
chen; nirgends aber wohl klarer als in seinem Buche „vom unfreien
Willen" (de servo arbitrio), worin er die gegen ihn gerichtete Streit=
schrift des Erasmus von Rotterdam für den freien Willen bekämpft. Im
Eingang lobt er den Erasmus, weil er wohl erkannt habe, daß es sich in
dem Kampfe Luthers mit der katholischen Kirche nicht um solche Nebendinge
wie Ablaß, Fegfeuer und Heiligenverehrung, sondern vor Allem und
zuoberst um die Frage vom freien Willen und der freien Mitwirkung
mit der Gnade handele, und dann stellt er mit einer Rücksichtslosigkeit
und Schärfe, die wohl ihres Gleichen nicht hat, als das Fundament
seiner ganzen Lehre den Satz von der absoluten Unfreiheit des mensch=
lichen Willens auf.

auch mit der Natur des Menschen als eines von Gott und der
Ordnung Gottes abhängigen Geschöpfes unverträglich ist.
Deßhalb hat dieser Rationalismus jede richtige Idee von der
Vereinigung zwischen Autorität und Freiheit, von der vernünftigen und freien Anerkennung einer berechtigten Autorität verloren. Wir werden diesen Gegenstand weiter unten
im Zusammenhange besprechen [1]).

---

1) S. XXVI. „Freiheit in der Kirche; Kirche und Autorität.“

VI. Die zwei Grundrichtungen im Staate.

Wir kommen jetzt auf das Gebiet, wo die katholische öffentliche Meinung und vor Allem eine katholische politische Presse recht eigentlich ihre Fahne aufpflanzen und ihre Kämpfe führen muß.

Wir können überall, wo Menschen im Vereine leben, zwei Grundrichtungen unterscheiden: die Eine, welche die Glieder zusammenhalten will, die Andere, wodurch die Glieder selbst sich in ihrer Individualität, in ihrem Unterschiede von einander, in ihrer Mannigfaltigkeit geltend machen.

Beide Richtungen sind an sich durchaus berechtigt und entspringen unmittelbar aus der Natur eines Vereines, der weder ohne Einigung, noch ohne Glieder, die zu einigen sind, gedacht werden kann. Wo das Eine oder Andere fehlt, wo das Eine das Andere vernichtet, ist der Begriff des Vereines aufgehoben.

Das richtige Verhältniß, die wahre Harmonie unter diesen beiden Grundrichtungen ist nun für alle Verbindungen unter den Menschen in Kirche und Staat und in den zahllosen Einzelvereinen, die sich aus der socialen Natur des Menschen überall von selbst gestalten, das w a h r e

Problem, die **Grundbedingung** ihres Gedeihens und der Erreichung ihrer Aufgabe. Je höher die Glieder stehen, je inniger das Band, das sie umschlingt, desto vollkommener ist der Verein selbst, und umgekehrt.

Das höchste vollendetste Bild einer solchen Vereinigung ist die katholische Kirche nach der Idee, die Gott in ihr niedergelegt hat. Dort sind beide Elemente in ihrer Vollendung vorhanden: auf der einen Seite der Mensch mit allen seinen eigenthümlichen Gaben, in seiner vollen Individualität und Eigenthümlichkeit bis zur höchsten Vollkommenheit herangebildet; auf der andern Seite ein alle menschlichen Begriffe weit überschreitendes heiliges Band, welches sie alle mit Gott in ewiger Gemeinschaft verbindet und so innig ist, daß die heilige Schrift, um es auszusprechen, kein anderes Bild dafür findet als in der Verbindung der Glieder in dem Einen menschlichen Leibe.

Wenn aber auch andere Vereine weder eine so hohe Aufgabe, noch so bestimmte Mittel haben, sie zu erreichen, wie die Kirche, so müssen doch auch sie jenen Grundbedingungen des Vereines entsprechen; und insbesondere wird jener Verein, den wir den **Staat** nennen, um so vollkommener sein, je höher die Individualität und Persönlichkeit der Glieder steht und je fester das Band ist, das sie umschlingt.

Der Todfeind beider Richtungen im Staatsleben ist aber die **Selbstsucht**. Je nachdem dieselbe sich der einen oder der andern bemächtigt, wird der Staat entweder in seinen Gliedern entwürdigt, oder in seiner Verbindung auseinandergerissen. Wir wollen deßhalb nunmehr beide

Richtungen im Staate nach ihrem innern Rechte betrach=
ten und zugleich ihre Ausartung ins Auge fassen, wenn
sich ihrer der Egoismus bemächtigt. Wir werden dadurch
den wahren Sinn für die Worte: Freiheit und Re=
volution auf der einen Seite, wahre Autorität und
Absolutismus auf der andern Seite finden.

———————

VII. Bürgerliche, sociale Freiheit.

Die bürgerliche, sociale Freiheit ist das Recht der ersten Grundrichtung, die von den Gliedern des Staates ausgeht, — ihr egoistischer Mißbrauch in seinem Gipfel macht einen Theil dessen aus, was wir Revolution nennen. Die Würde des Staates hängt zuerst und vor Allem von der persönlichen Würde seiner Glieder ab. Ein Körper, an dem die Glieder krank sind, kann auch in seiner Gesammtheit kein gesunder Körprr sein; ein Haus aus schlech= ten Steinen aufgeführt, kann auch im Ganzen kein festes Gebäude sein; so kann auch die aus Menschen gebildete Gemeinschaft keine hohe Stufe sittlicher Würde einnehmen, wenn in den einzelnen Individuen die Menschenwürde unterdrückt ist. Die hohe Würde, die das Christenthum den Menschen mittheilt, gibt insbesondere dem christlichen Staatswesen jenes unvergleichliche Uebergewicht über jedes nicht christliche Volk. Die Weihe, die das Christenthum der Staatsgewalt verleiht, nimmt in dieser Stellung nur den zweiten Platz ein. Diese erhabene Macht äußert das Christenthum selbst da noch, wo nur noch schwache Theile seines Lebens sich erhalten haben. Wenn auch nur noch

ein schwacher Strahl jenes himmlischen Lichtes in die Seelen des Volkes hineinbringt, so gibt es ihm einen mächtigen Impuls und bewahrt es vor der Versinkung in alt-
heidnische Entwürdigung. Darin besteht auch insbesondere
das Wesen des christlichen Staates, daß die Menschen, die
ihn bilden, Christen sind und zur Höhe der christlichen
Würde gelangen; nicht aber darin, daß die Staatsgewalt
sich christlich nennt, oder einige äußerliche christliche Gebräuche beibehält.

Die persönliche Würde des Menschen hängt aber, wie
wir bereits gesehen haben, insbesondere von der Freiheit
ab; und wenn auch diese Freiheit ihrem wahren und eigentlichen Wesen nach in der sittlichen Freiheit besteht, so ist
doch auch die politische und sociale Freiheit von gar hohem
Werthe. Wir gehen daher jetzt dazu über ihr Wesen näher
zu betrachten.

3*

VIII. Selbstverwaltung.

Das Wesen der Freiheit besteht immer und auf allen Gebieten in der freien Selbstbestimmung aus inneren Gründen ohne äußern Zwang. Diese freie Selbstbestimmung und Wahl ist nun auch die nothwendige Voraussetzung der politischen und socialen Freiheit. Sie besteht also wesentlich darin, daß der Mensch in seinem persönlichen, politischen und socialen Leben, so weit er für sich selbst sorgen kann und nicht in die Rechte Anderer verletzend eingreift, die freieste Selbstbestimmung nach eigener Wahl genieße, daß er also seine eigenen Angelegenheiten auch selbst zu verwalten befugt sei. Diese Freiheit wird daher auch ganz passend mit dem Worte Selbstverwaltung bezeichnet.

Wenn aber diese Freiheit eine wahre sein soll, so muß sie sich nicht bloß auf die unmittelbarsten persönlichen Angelegenheiten des Individuums beziehen, sondern auch auf jene socialen Vereine, in denen sich sein Leben bewegt. Der Mensch ist so sehr seiner Natur nach social, daß er allein für sich gar nicht leben kann. Kaum geboren bedarf er der ersten und Grundverbindung, der Familie, um nur sein schwaches Leben zu erhalten. So schließen sich um ihn immer weitere Kreise genossenschaftlicher Verbindung. Wie der Stein ins Wasser geworfen zahllose Kreise bildet, die sich einander einschließen, so ist es mit dem Menschenleben. Es bewegt sich in den mannigfaltigsten Vereinen, die der Mensch theils in festen Formen vorfindet, wie die Familie, die Gemeinde, der Staat, oder in die er durch freie Wahl zur Erreichung besonderer Zwecke eintritt. Das Recht der Selbstverwaltung in allen diesen Kreisen, das Recht sich selbst zu bestimmen in der Familie, in der Gemeinde, in der Provinz, in den Corporationen, welche die Menschen bilden, ist das wahre Wesen der politischen socialen Freiheit. Wo sie fehlt, ist keine Freiheit.

Den hohen Werth dieser socialen, bürgerlichen, politischen Freiheit werden wir noch vielfach zu betrachten Gelegenheit haben. Es genügt hier vorläufig zu bemerken, daß sie vom kleinsten bis zum höchsten Verhältniß im Staatsleben hinauf den Charakter der Menschen für das öffentliche Leben bildet; daß sie eine große Schule wahrer, gesunder, auf wirkliche Verhältnisse gegründeter Ansichten im Staatsleben ist; daß sie dem Staate selbst Kraft und Würde verleiht.

Es versteht sich aber von selbst, daß dieses Recht der Selbstbestimmung kein unbeschränktes, keine souveräne Unabhängigkeit ist, sondern daß es vielmehr mit der Pflicht verbunden ist, sich selbst zu beschränken, sich dem Gesetze Gottes und der von ihm überall gegründeten Ordnung zu unterwerfen und die Rechte Aller, mit denen der Mensch in Berührung kommt, zu achten. Die Freiheit schließt deßwegen den Gehorsam nicht aus, sondern ist vielmehr auf das Innigste mit ihm verbunden und erhält

von ihm erst ihre wahre Weihe. In dem göttlichen Ge=
danken haben alle Geschöpfe, denen er das Leben gegeben
hat, ihre rechte Stelle in Ordnung und Unterordnung, in
unendlicher Mannigfaltigkeit, und jemehr alle Geschöpfe diese
ihnen bestimmte Stelle einnehmen, desto mehr entsteht jene
erhabene Weltordnung, in der alle Geschöpfe ihre höchste
Bestimmung und Glückseligkeit erreichen. Die Bedeutung
der dem Menschen als einem vernünftigen Geschöpfe verlie=
henen Freiheit besteht eben darin, daß er an diesem Welt=
plane Gottes dadurch gleichsam mitarbeitet, daß er sich die
Stelle in demselben aufsucht, die Gott ihm bestimmt hat
und sie nach dem Willen Gottes ausfüllt. Das bezieht
sich auf alle seine Lebensthätigkeiten in der Familie und
im Staate, und so ist seine Freiheit überall Gehorsam.

IX. Revolution.

Wenn an einem Körper sich ein Glied auf Kosten der anderen bereichern wollte, so würde die Ordnung zerstört und der Körper selbst der Auflösung entgegengehen. Dieser Egoismus der Glieder im staatlichen Leben ist der Geist der Revolution. Der Egoismus, die Selbstsucht besteht nach dem Begriffe, den uns die christliche Sittenlehre von ihnen gibt, hauptsächlich darin, daß der Mensch seine Ehre und seinen Willen der Ehre und dem Willen Gottes vorzieht und sein vermeintliches Wohl durch Kränkung der Rechte seiner Mitmenschen zu befriedigen sucht.

Wir brauchen diesen Begriff nur auf staatliche Verhältnisse anzuwenden, um das Wesen der Revolution in seinem Grunde zu erkennen. Die Freiheit, wenn sie vom Gesetze Gottes, vom Geiste der Gerechtigkeit gegen Alle gelenkt und geleitet ist, der Menschenwille, der sich selbst beschränkt und mit freiwilligem Gehorsam die Stelle einnimmt, die Gott ihm angewiesen, ist etwas wunderbar Erhabenes. Solche Menschen bildet das Christenthum. Die Freiheit aber, von der Selbstsucht geleitet, die recht eigentlich eine Sucht des Herzens, eine Alles niedertretende Leidenschaft wird; der selbstsüchtige Wille, vom Stolz, von der Sinnlichkeit,

von der Habsucht besessen und fortgerissen, ist ein verhee=
rendes, Alles zerstörendes Feuer. Dieser Egoismus im
Kampfe mit der staatlichen Ordnung, die er niederreißen
und dann an sich reißen will, um sich zu befriedigen auf
Kosten Aller, ist die Revolution, ist der Geist, den wir ins=
besondere jetzt überall hervorbrechen sehen.

Hieraus erhellt auch, wie die politische Freiheit überall
so innig zusammenhängt mit der sittlichen Freiheit. Je
sittlicher der Mensch, je freier von der Selbstsucht und der
Herrschaft schlechter Leidenschaften, — desto freier kann er
sein. Wer sich innerlich selbst beherrscht, braucht nicht äus=
serlich gebunden zu werden. Ein wahrhaft christliches Volk
würde mit der freiesten Selbstregierung bestehen können;
die Revolution dagegen und ihr Geist ist die Feindin jeder
Freiheit. Der thierische Mensch, von dem die heilige Schrift
spricht, mißbraucht jede Freiheit und führt nothwendig zum
Absolutismus.

X. Staatsgewalt, politische Autorität, Souveränetät.

Uebung der Staatsgewalt, der Souveränetät, der bür=
gerlichen Autorität ist das Recht der andern Grundrich=
tung im Staatsleben, welche die Glieder politisch verbindet
und zusammenhält; ihr egoistischer Mißbrauch ist Absolutis=
mus und falsche Centralisation.

Das Gedeihen des staatlichen Lebens hängt also zwei=
tens ab von der rechten Handhabung der Staatsgewalt
und der ihr gebührenden Autorität. Wie das Christenthum
den Gliedern am Staatskörper, den Bausteinen, aus denen
das staatliche Gebäude errichtet ist, den Individuen, ihre
höchste Vollendung gibt, so gibt es auch der bindenden
Staatsgewalt ihre höchste Idee, ihr wahres, rechtes Maß,
ihre volle Weihe und Begründung und behütet sie vor der
egoistischen Ausartung in Absolutismus und falsche Centrali=
sation. Die Staatsgewalt, erfaßt und geübt im Geiste des
Christenthums, wäre das höchste Ideal der weltlichen Ge=
walt. Selbst wo die Träger der weltlichen Gewalt vom
Geiste des Christenthumes entfernt sind, wie seit den letzten
Jahrhunderten so vielfach der Fall ist, steht dennoch die
Staatsgewalt in den sogenannten christlichen Staaten ganz
unvergleichlich höher als in allen nicht=christlichen Staaten.

Die Würde, Festigkeit und Lebenskraft der Staatsge=
walt hängt aber nicht von ihrer unbeschränkten Ausdeh=
nung ab, so daß sie für Alle denkt, Alles leitet, Alles be=
stimmt, Alles regiert, sondern im vollen Gegentheil ganz
vorzugsweise davon, daß sie den egoistischen Mißbrauch der
Gewalt vermeidet, daß sie sich auf die Thätigkeit beschränkt,
die ihr naturgemäß und vernünftig gebührt, und daß sie
endlich die ihr zukommende Thätigkeit in möglichster Vol=
lendung übt.

Kein Irrthum ist verderblicher und allgemeiner als
der, welcher die Kraft des Staates in dem Umfang der
Staatsgewalt sucht. Das ist eben so thöricht, als wenn
man die Gesundheit des menschlichen Leibes nach seinem
Umfang bemessen wollte. Ein göttliches Grundgesetz für
alle menschlichen Dinge, voll Schönheit, aber auch voll in=
nerer Zartheit und Feinheit, ist die Wechselwirkung zwischen
Autorität und Freiheit. Jede Autorität, selbst die väter=
liche, die dem Kinde in seiner ersten Entwickelung entgegen
steht, selbst die von Christus in seiner Kirche gestiftete, die
geübt wird, ohne auf dieses Heiligthum der Seele, auf diese
von Gott jedem Wesen verliehene Freiheit und Selbstbestim=
mung Rücksicht zu nehmen, wirkt verderblich. Im eigent=
lichen Staatsleben gibt es zahllose Individualitäten: zuerst
der Mensch selbst und dann alle jene moralischen Personen,
wie sie die Rechtssprache so schön nennt, die vielen Or=
ganismen, in denen sich das menschliche Leben bewegt, bis
hinauf zu jenem höchsten Organismus, in dem sich die
Staatsgewalt bewegt, und der alle jene Individualitäten
im staatlichen Verbande einigt. Wenn nun dieses oberste

Glied im Staatsleben seine Schranken überschreitet und
alle anderen Organe des staatlichen und gesellschaftlichen
Lebens verzehrt und auffrißt, so ist das zwar ein Leben,
aber nur ein scheinbares, wie auch die Krankheit ein Leben
ist, das aber zum Tode führt. Je mehr die Staatsgewalt
dieser Richtung anheimfällt, desto sicherer wird sie ihr eigenthümliches Gebiet vernachlässigen und ihre wahre Aufgabe
zum Verderben Aller verfehlen.

Diese der Staatsgewalt eigenthümlich gebührende
Thätigkeit umfaßt drei Hauptgebiete.

Ihr erstes Gebiet, ich möchte sagen der erste und
vorzüglichste Edelstein in der Krone der weltlichen Souveränetät ist die Pflege der Gerechtigkeit. Was könnte da
nicht noch Alles zum Gedeihen der Menschheit geschehen?
Eine kurze Andeutung möge genügen.

Hierher gehört erstens Rechtsschutz für alle Rechte, verbunden mit einer schnellen und wohlfeilen Rechtsprechung.
Wie Vieles fehlt uns noch von diesen höchsten Gütern des
bürgerlichen Lebens! Unter den Forderungen der Zeit ist
wohl keine berechtigter, als daß jedes Recht zu seinem
Schutze auch ein Gericht finden könne. Dieser Richtung
muß sich gewiß die katholische Presse mit allem Eifer annehmen. Der Schutz eines unterdrückten Rechtes ist zu
jeder Zeit als eine hohe sittliche Tugend im Christenthume
angesehen worden.

Zweitens gehört zur Rechtspflege die Gesetzgebung
— ein wahrhaft erhabenes Recht der Staatsgewalt. Auch
hier leidet aber unser ganzes modernes Staatswesen an
großen Uebelständen. Die Gesetzgebung soll nicht nur

gerecht, sondern auch einfach sein. Welch ein Unterschied zwischen früher und jetzt! Vor dem alten Sachsenspiegel gab es in Deutschland kein geschriebenes Gesetzbuch. Unsere deutschen Vorfahren liebten das Recht; sie hatten einen tief ausgebildeten Rechtssinn und ehrwürdige Normen für ihre Rechtsverhältnisse. Aber das Recht lebte in ihnen, in ihren Ueberlieferungen, in ihren Gebräuchen, in ihrer Gesinnung. Dadurch aber war auch auf dem Rechtsgebiete Selbstbe= stimmung und Selbsturtheil möglich. Wie schön muß ein solches Gericht gewesen sein, wenn deutsche Männer, das Recht in ihrem Bewußtsein tragend, bei einem Streite die Schöffen umstanden und sie Alle Grund und Gegengründe wie die Entscheidung beurtheilen und verstehen konnten! Wie ist das anders geworden, seit das heidnische Römer= thum in das deutsche Wesen eingedrungen ist! Merkwür= dig! gegen das christliche Rom protestirt der moderne Zeit= geist, aber das heidnische Rom betet er an. Er insultirt uns als Ultramontane, weil wir in dem Bischof von Rom den Mittelpunkt der Kirche verehren, und er selbst treibt den Cultus des heidnischen Ultramontanismus und kennt kein höheres Ziel, als den alten deutschen Geist unseres Volkes mit heidnischem Wesen zu vergiften.

Wir leben in der Zeit der Fabrikation und der mo= derne Staat ist recht eigentlich eine Gesetzgebungsfabrik geworden. Die Gesetze sind förmlich in Fluß gerathen, und zahllose Kammern — in Permanenz — machen ohne Un= terlaß neue Gesetze, zahllose Regierungsblätter verkünden neue Verordnungen. Unsere modernen Kammermitglieder halten das für ihren eigentlichen Beruf und betrachten sich

um so viel mehr als die Beglücker der Welt, je mehr neue
Gesetze sie machen. Mit unaussprechlichem Stolze betrachten
sie sich als „die Factoren“ dieser Gesetzmacherei. Das
Ideal des modernen Zeitgeistes wäre eigentlich in jedem
Jahre nach dem neuesten Fortschritt der Aufklärung und
Intelligenz neue Kammermajoritäten, neue Minister, neue
Beamte, neue Gesetze für Alles] und über Alles. Wie wird
doch da die Ehrfurcht vor dem Gesetze selbst tief erschüttert! Daher kommt es, daß der weitaus größte Theil des
gesammten Volkes von der Gesetzeskunde, d. h. von dem,
was Recht ist, vollständig ausgeschlossen ist. Sie ist nur
mehr Sache einer Kaste, der Richter und Advocaten, die
sich mit ihr das ganze Leben beschäftigen. Wer nicht in
der Lage ist, seine Studien zu vollenden, die Universitäten zu besuchen, Jahre lang alle Gesetzbücher und Verordnungen zu studiren, dann endlich von allen oft sich widersprechenden Urtheilen der höchsten Gerichte Kenntniß zu
nehmen, muß auf ein persönliches Urtheil über Das, was
im Lande Recht ist, vollkommen verzichten. Unter tausend
Bewohnern des deutschen Vaterlandes ist wohl kaum noch
Einer, der das Recht seiner Heimath mit einiger Vollstän-
digkeit kennt. Alle Anderen sind bei jedem Rechtsgeschäft,
bei jedem Rechtshandel mehr und weniger in der Lage eines
Menschen, der in Lande reist, wo er die Sprache nicht versteht. Sie müssen sich einen Führer wählen und sich ihm
blindlings überlassen, und erfahren dann ab und zu auf
den langen Irrfahrten ihrer Processe, wie es mit ihnen
steht. Daher auch die große Rechtsunsicherheit. Man kann
bei keinem Processe dem Ausgang mit einiger Zuversicht ent-

gegenſehen. Das Volk hat bei jedem Proceſſe Etwas von
dem Gefühle, mit der die Spieler dem Ausgang eines
Haſardſpieles beiwohnen. Daher erklärt ſich auch der
ungemeine Werth, den die Parteien auf die Gewinnung
eines geſchickten Advocaten legen. Man gibt dadurch die
Ueberzeugung zu erkennen, daß der Ausgang weniger von
der Gerechtigkeit der Sache als von der Geſchicklichkeit des
Advocaten abhängt. Dieſe unſeligen Zuſtände tragen denn
die Schuld, daß das Recht mehr und mehr aus dem Be=
wußtſein des Volkes ſchwindet, daß man es nicht mehr als
eine Sache des Gewiſſens und des ſittlichen Lebens anſieht,
daß man gewiſſenlos nur mehr für Recht hält, was man
bei den Gerichten „gewinnt,“ wenn auch das eigene Ge=
wiſſen dagegen proteſtirt. So wird die Rechtsgeſinnung,
ein Grundpfeiler der ſtaatlichen Ordnung, erſchüttert. Was
könnte hier zur Vereinfachung der Geſetze, zur Beſeitigung
aller Zweideutigkeiten geſchehen!

Das zweite Hauptgebiet der Thätigkeit der Staats=
gewalt iſt wohlwollende Unterſtützung für Alles im Staate,
was zu Recht beſteht, — wieder ein weites Gebiet der
heilſamſten Thätigkeit.

Der Menſch iſt ſo beſchaffen, daß er ſich ohne viel=
fache Mithülfe weder ſelbſt erhalten, noch nach allen ſeinen
Fähigkeiten ausbilden kann. Wenn wir unſer Leben be=
trachten, ſo leben wir an jedem Tage von der Mithülfe
zahlloſer Menſchen, ſowohl was die Bedürfniſſe unſerer
Seele als die unſeres Leibes betrifft. Die Staatsgewalt ſoll
nun nicht nur das Recht Aller ſorgfältig beſchützen, ſon=
dern überall auch die Hülfe gewähren, welche die Angehö=

rigen des Staates bedürfen zu dem Gedeihen ihrer zeit=
lichen Interessen; sie soll zugleich alles Sittlichgute pfle=
gen und unterstützen, so weit es ohne Eingriff in das
Recht der Selbstverwaltung geschehen kann.

Die dritte Hauptaufgabe der Staatsgewalt ist end=
lich die Vertretung des Staates im Völkerverkehr und die
Vermittelung desselben. Welch ein Fortschritt wäre auch
hier möglich durch die Anwendung der einfachsten Grund=
sätze des Christenthumes! Die Beziehungen der Völker
untereinander gestalten sich jetzt großen Theiles nach den
Forderungen des Egoismus und nach dem Rechte des
Stärkeren, zugedeckt mit einem heuchlerischen Scheine seiner
und ränkevoller Weltklugheit. Wenn diese Verhältnisse wahr
und aufrichtig nach denselben Grundsätzen der Gerechtigkeit
und Liebe bemessen würden, nach denen jeder Christ seine
Beziehungen zum Nebenmenschen ordnet, wenn er sich nicht
für einen Betrüger und Räuber halten will, — wie würde
sich da Alles anders gestalten! Die Geltendmachung der
einfachsten Grundsätze der Wahrheit und Gerechtigkeit auf
die große Politik ist in der That eine erhabene Aufgabe
für die katholische Presse.

XI. Der Staat von Gottes Gnaden.

„Von Gottes Gnaden" — ein vielfach von Freunden und Feinden mißhandeltes Wort. Wie Viele geben sich auf beiden Seiten nicht einmal die Mühe, über dessen wahren Sinn nachzudenken und ihn sich klar zu machen! Dann wird hüben und drüben über die Berechtigung desselben mit erbitterter Leidenschaft gekämpft, während die erste Bedingung eines Verständnisses — Uebereinstimmung im Wortsinne fehlt, vielmehr die willkürlichsten Voraussetzungen über den Sinn vorhanden sind, den der andere Theil mit jenem Worte verbindet. Ich gestehe, daß ich das Königthum von Gottes Gnaden, wie es seit der Reformation von vielen katholischen und nichtkatholischen Fürsten und ihren Dienern verstanden wurde, für einen verwerflichen Götzendienst halte; während ich es in seinem wahren Sinne als eine siegreiche Wahrheit, in Vernunft und Christenthum tief begründet, als die allein ausreichende Grundlage jeder weltlichen Herrschaft ehre. Die katholische Presse sollte auch hier den wahren Sinn stets vor Augen haben, und ohne Unterlaß bekämpfen auf der einen Seite die Gegner des wahren Königthums von Gottes Gnaden, auf der andern Seite die Mißdeutung desselben von seinen falschen Anhängern.

„Von Gottes Gnaden" heißt erstens nicht, daß die

Staatsgewalt von Gott einer bestimmten Person unmittel=
bar übertragen worden sei. Es hat viele Fürsten gegeben,
die durch ungerechte Gewaltthaten zur Herrschaft gelangt
sind, während ihre Nachkommen unbestritten sich „von Gottes
Gnaden" nennen durften. Aehnlich wie das Eigenthum
von Gott ist, obwohl nicht immer die Erwerbung desselben
seinem Willen entspricht, so ist auch das Bestehen einer
Gewalt im Staate von Gott, wenn sie auch vielfach ur=
sprünglich unrechtmäßig erworben ist.

„Von Gottes Gnaden" heißt zweitens nicht, daß alle
Handlungen der obrigkeitlichen Gewalt gleichsam von Gott
kommen und als solche angesehen und geehrt werden müssen.
Die Apostel forderten die Christen auf, wegen Gott den
heidnischen Kaisern zu gehorchen, obwohl sie ihnen selbst
Widerstand leisteten, wo sie ihre rechtmäßige Autorität über=
schritten. Die Gewalt ist von Gott, aber nicht die Uebung
der Gewalt. Diese ist vielmehr, wie alle Fähigkeiten und
Kräfte, die von Gott dem Menschen gegeben sind, seiner
Freiheit überlassen. In demselben Sinne ist die elterliche
Gewalt von Gott, obwohl sie vielfach mißbraucht werden
kann.

„Von Gottes Gnaden" heißt endlich nicht unbeschränkt,
nicht allgewaltig. Gerade aus dieser Mißdeutung ist der
Absolutismus so mancher Könige hervorgegangen. In
Wahrheit bedeutet vielmehr das Wort „von Gottes Gnaden"
die größte Beschränkung: denn wer seine Gewalt von
Gott ableitet, bekennt damit, daß er sie nur im Gehorsam
gegen Gott üben darf und also die Grenzen anerkennen
muß, die ihm der Wille Gottes in seinen Geboten, in seinem

4

Sittengeſetze, in der allgemeinen Weltordnung, in den Rechten, die er den übrigen Menſchen ertheilt, geſetzt hat.

„Von Gottes Gnaden" heißt vielmehr: Die ſtaatliche Ordnung iſt nicht bloßes Menſchenwerk, ſondern vor Allem Gottes Werk, und die in ihr beſtehende Gewalt iſt nicht eine menſchliche Erfindung, ſondern eine in ihrem Weſen von dem menſchlichen Willen vollſtändig unabhängige, göttliche Einrichtung. Wie Gott die Grundgeſetze der geſammten Welt=ordnung ohne Mitwirkung eines menſchlichen Willens feſt=geſtellt hat, ſo hat er auch ohne den Menſchen mit gött=licher Machtvollkommenheit angeordnet, daß wo immer Menſchen in geordneten Verhältniſſen mit einander leben, eine obrigkeitliche Gewalt unter ihnen beſtehen muß und durch die Leitung der in der Geſchichte waltenden gött=lichen Vorſehung auch wirklich beſteht. Die Menſchen haben ihr gegenüber nur die Wahl, ſie anzuerkennen, oder aber ſie unter der Bedingung zu zerſtören, daß ſie zugleich aller Bildung und Entwickelung des Menſchengeſchlechtes entſagen und in Barbarei verſinken. Das iſt der wahre Sinn des Wortes: „Von Gottes Gnaden," wie ihn die Vernunft und die Offenbarung gleichmäßig beſtätigen.

In dieſem Sinne ſchreibt der Apoſtel Paulus: „Jeder=mann unterwerfe ſich der obrigkeitlichen Gewalt: denn es gibt keine Gewalt außer von Gott, und die, welche beſteht, iſt von Gott angeordnet. Wer dem=nach ſich der (obrigkeitlichen) Gewalt widerſetzt, der wider=ſetzt ſich der Anordnung Gottes und die ſich (dieſer) widerſetzen, ziehen ſich Verdammniß zu; denn die Obrigkeiten ſind nicht den guten Werken, ſondern den böſen furchtbar.

Willst du aber die (obrigkeitliche) Gewalt nicht fürchten, so thue Gutes und du wirst von ihr Lob erhalten, denn sie ist Gottes Dienerin dir zum Besten. Wenn du aber Böses thuest, so fürchte dich, denn nicht umsonst trägt sie das Schwert; denn sie ist Gottes Dienerin, eine Rächerin zur Bestrafung für den, der das Böse thuet. Darum ist es eure Pflicht unterthan zu sein, nicht nur um der Strafe willen, sondern auch um des Gewissens willen. Darum zahlet ihr auch Steuern, denn sie sind Diener Gottes, die eben hiefür dienen. Gebet also Jedem, was ihr schuldig seid: Steuer, wem Steuer, Zoll, wem Zoll, Ehrfurcht, wem Ehrfurcht, Ehre, wem Ehre gebührt. Bleibet Niemanden Etwas schuldig, als daß ihr euch einander liebet; denn wer den Nächsten liebet, hat das Gesetz erfüllt [1]."

Wie erhaben ist hier jener Gedanken ausgesprochen: Das Bestehen der Obrigkeit ist eine Anordnung Gottes; die Obrigkeiten selbst sind Diener Gottes; darum sollen wir ihnen gehorchen und sie ehren um des Gewissens willen.

In demselben Sinne schreibt der Apostel Petrus: „Seid daher unterthan jeder menschlichen Creatur wegen Gott, sei es dem Könige, welcher der Höchste ist, oder den Statthaltern, als solchen, welche von ihm abgeordnet sind zur Bestrafung der Uebelthäter und zur Belobung der Rechtschaffenen: denn so ist es der Wille Gottes, daß ihr durch Rechtthuen die Unwissenheit thörichter Menschen zum Schweigen bringet, als solche, die frei sind, aber nicht als solche, die zum Deckmantel der Bosheit die Freiheit miß=

---

1) Röm. 13, 1—8.

brauchen, sondern als Knechte Gottes. Ehret Alle, liebet die Brüderschaft, fürchtet Gott, ehret den König! Ihr Knechte, seid unterthan mit aller Ehrfurcht den Herren, nicht allein den gütigen und gelinden, sondern auch den schlimmen; denn das ist Gnade, wenn Jemand aus Ge= wissenhaftigkeit gegen Gott Widerwärtigkeiten er= trägt und Unrecht leidet[1]."

Auch hier sind wieder dieselben herrlichen Gedanken: Der Christ soll in dem Bestehen der Obrigkeit eine gött= liche Anordnung erkennen; er soll ihr gehorchen, sie ehren wegen Gott, aus Gewissenhaftigkeit, weil es so Gottes Wille ist; er soll sich hüten vor Jenen, die ihn unter dem Deckmantel der christlichen Freiheit daran hindern wollen, und bedenken, daß dieser Gehorsam uns jene Freiheit, die wir als Christen besitzen, nicht raubt, weil wir den Menschen nicht der Menschen wegen gehorchen, sondern als Gottes Knechte.

Wir müssen aber hier noch hervorheben, daß in diesem Sinne nicht nur die weltlichen Könige und Fürsten „Von Got= tes Gnaden" sind, sondern Alles, was in der Weltordnung von Gott selbst angeordnet ist. Alle rechtmäßige Gewalt und jedes wahre Recht ist eben so von Gottes Gnaden wie das Recht der Fürsten und der Könige.

---

1) I Pet. 2, 13—19.

XII. Die Krönung der christlichen Könige.

Diese Gedanken haben einen erhabenen Ausdruck ge=
funden in der Krönung und Salbung der Könige, wie sie
im Christenthume seit tausend Jahren im Gebrauche war.
Die Art und Weise derselben ist von der Kirche genau
vorgeschrieben in dem s. g. Pontificale, wo die Gebräuche
angegeben sind, die bei den Weihehandlungen der Bischöfe
stattfinden müssen. Sie sind daher die feierlichste Kundge=
bung Dessen, was die Christenheit vom Königthum „von
Gottes Gnaden" dachte. Einige Grundzüge derselben will
ich deßhalb hier mittheilen.

Der König soll sich zu der feierlichen Handlung meh=
rere Tage vorher vorbereiten durch Gebet und Fasten.
Dies ist um so billiger, da die Handlung mit dem heiligen
Meßopfer in Verbindung steht, wo der König unter den
Gestalten von Brod und Wein den Herrn selbst empfängt,
in dessen Namen er sein Königthum üben soll, und in
dessen Auftrag seine königliche Würde im Angesichte des
gesammten Volkes von seinen Dienern als eine von Gott
ihm verliehene Würde öffentlich anerkannt wird. Die Krö=
nung selbst soll wo möglich an einem Sonntage geschehen,
die Kirche festlich geschmückt sein. Im Angesichte des Al=
tars wird ein Thron für den König, ein anderer für die

Königin errichtet. Die Stufen des königlichen Thrones müssen jedoch niedriger sein, als die höchste Stufe des Altars, um auch dadurch den König daran zu erinnern, daß er sich nicht über den himmlischen König erheben soll. Auf den Altar wird gelegt das königliche Schwert, die Krone, das Scepter und das heilige Oel zur Salbung. Alle Bischöfe des Reiches sollen bei der Feier versammelt sein. Wenn nun der König in ritterlicher Waffenrüstung erschienen ist, so richtet der Metropolit oder der Bischof, der die Feier vornimmt, zuerst an ihn folgende Worte:

„Erhabener Fürst! Da du heute durch unsere Hände, die wir hierin — obwohl unwürdig — die Stelle Christi, unseres Heilandes, einnehmen, die heilige Salbung und die Reichsinsignien erhalten sollst, so ist es wohlgethan, daß ich dich zuerst an die Last erinnere, zu deren Uebernahme du bestimmt wirst. Du empfängst heute die königliche Würde und nimmst die Sorge auf dich, die dir anvertrau= ten gläubigen Völker zu regieren. Wohl eine erlauchte Stelle unter den Sterblichen, aber voll Gefahr, Mühewal= tung und Bedrängniß. Wenn du nun bedenkest, daß jede Gewalt von Gott, dem Herrn, ist, durch den die Könige herrschen und die Gesetzgeber verordnen, was recht ist, so wisse, daß auch du über die dir anvertraute Heerde Gott selbst Rechenschaft ablegen wirst.

Fürs Erste sollst du frommen Sinn bewahren, dem Herrn deinem Gotte mit ganzem Geiste und reinem Her= zen dienen; die christliche Religion und den katholischen Glauben, zu dem du dich von der Wiege an bekannt hast, unversehrt bis zum Ende erhalten und ihn gegen alle

Feinde nach Kräften vertheidigen, den Vorstehern der Kirche und den übrigen Priestern die gebührende Ehrfurcht erweisen, die kirchliche Freiheit nicht mit Füßen treten. Die Gerechtigkeit, ohne welche keine Gesellschaft lange bestehen kann, sollst du gegen Alle unerschütterlich walten lassen, indem du den Guten Belohnung, den Bösen die verdienten Strafen ertheilest. Die Wittwen, die Waisen, die Armen und Schwachen sollst du vor jeder Unterdrückung schützen, dich gegen Alle, die sich nahen, mild, sanft und leutselig zeigen nach Maßgabe deiner königlichen Würde. Du sollst dich so betragen, daß man gewahr wird, daß du nicht zu deinem, sondern zum Nutzen des ganzen Volkes regierest und den Lohn deiner guten Thaten nicht auf Erden, sondern im Himmel erwartest. Das verleihe gnädiglich, der als Gott lebt und regiert in Ewigkeit. Amen."

Hierauf kniet der König nieder, und legt vor dem Erzbischof folgenden feierlichen Eid ab:

„Ich — — mit Gottes Willen künftiger König von — — bekenne und verspreche vor Gott und seinen Engeln, in der Folge Gesetz, Gerechtigkeit und Friede der Kirche Gottes und dem mir untergebenen Volke nach bestem Können und Wissen zu erhalten, sowie ich es mit dem nothwendigen Vertrauen auf die Barmherzigkeit Gottes im Rathe meiner Getreuen zu leisten im Stande bin. Auch den Bischöfen der Kirche Gottes will ich die gebührende und gesetzliche Ehre erweisen, und das, was von Kaisern und Königen der Kirche gegeben und gestiftet worden, unverletzt erhalten. Den Aebten, Grafen und meinen Vasallen will ich die entsprechende Ehre leisten nach dem Rathe meiner Getreuen.

So wahr mir Gott helfe und diese heiligen Evangelien Gottes!"

Dann betet der Erzbischof und mit ihm die übrigen Bischöfe:

„Allmächtiger, ewiger Gott! Schöpfer des Weltalls, Beherrscher der Engel, König der Könige und Herr der Herrscher, der du Abraham, deinen treuen Diener, über seine Feinde triumphiren ließest, Moses und Josue, den Anführern deines Volkes, manchen Sieg verliehen und den demüthigen David, deinen Sohn, bis zur höchsten Stufe im Reiche erhoben und Salomon mit unaussprechlicher Fülle von Weisheit und Friedensliebe ausgestattet hast: blicke, wir bitten dich, o Herr, auf das Gebet unserer Niedrigkeit herab und mehre über diesen deinen Diener — — die Gaben deiner Segnungen, umschirme ihn mit der Macht deiner Rechten jederzeit und überall, damit er mit Abrahams Vertrauen gestärkt, auf Mosis Sanftmuth gestützt, mit Josues Tapferkeit gefestigt, in der Demuth Davids erhaben und mit Salomons Weisheit geziert, dir in Allem wohlgefällig sei und auf dem Pfade der Gerechtigkeit immer wandle, ohne zu straucheln, und auch durch den Helm deines Schutzes gesichert und immerdar geschirmt mit un-überwindlichem Schilde und himmlischen Waffen gegürtet, den erwünschten Sieg über die Feinde des heiligen Kreuzes Christi glücklich erringe und ihnen Schrecken vor seiner Macht einflöße und deinen Streitern mit Jubel Frieden bringe, durch Christum unsern Herrn, der durch die Kraft des heiligen Kreuzes die Hölle vernichtet und nach der Ueberwindung der Herrschaft des Teufels als

Sieger gen Himmel aufstieg, auf dem alle Gewalt und
des Reiches Sieg beruht, der die Glorie der Demüthigen,
das Leben und Heil der Völker ist, der mit dir lebt und
regiert in Einheit des heiligen Geistes als Gott von Ewigkeit zu Ewigkeit. Amen."

Bei der Salbung spricht der Erzbischof folgende
Worte:

„Unser Herr, Jesus Christus, Gott und Gottes Sohn,
der von dem Vater mit dem Oele des Frohlockens gesalbt
worden, mehr als seine Genossen, er selbst ergieße durch
die gegenwärtige Eingießung der heiligen Salbung den
Segen des heiligen Geistes über dein Haupt und lasse sie
bis in das Innerste deines Herzens einbringen, auf daß
du würdig werdest, mit diesem sichtbaren Oele die un-
sichtbaren Güter zu empfangen und nachdem du deine zeit-
liche Herrschaft in gerechter Weise geübt, mit ihm ewig
zu regieren, der allein ohne Sünde, als König der Könige
lebt und triumphirt mit Gott dem Vater in der Einheit
des heiligen Geistes Gott durch alle Ewigkeit. Amen."

Darauf legt der König die Waffenrüstung ab und
besteigt im königlichen Gewande, von seinen Prälaten und
Baronen begleitet, den Königsthron, um dem heiligen Meßopfer beizuwohnen, unter welchem er die Reichsinsignien
empfängt.

Die Krönung insbesondere wird durch sämmtliche
anwesende Bischöfe vorgenommen, indem sie die Krone
vom Altare nehmen und dem Könige aufsetzen. Dabei
spricht der Erzbischof:

„Empfange die Reichskrone, welche dir zwar von un-

würdigen, aber doch bischöflichen Händen, aufs Haupt ge=
setzt wird, im Namen des Vaters und des Sohnes und
des heiligen Geistes, und wisse, daß sie die Glorie der
Heiligkeit und die Ehre und das Wirken männlicher Festig=
keit sinnbilde, und vergiß nicht, daß du mit ihr einen ge=
wissen Antheil hast an unserem Amte, dergestalt, daß, wie
wir innerhalb [der Kirche] als Hirten und Seelsorger ange=
sehen werden, so auch du als ein muthiger Vertheidiger
der Kirche Christi zur Seite stehest gegen alle Anfeindun=
gen und als ein nützlicher Verwalter und segenreicher Re=
gent erscheinest des dir von Gott verliehenen Reiches, deiner
Leitung anvertraut durch unsere anstatt der Apostel und
aller Heiligen dir gespendete Segnung, damit du unter den
glorreichen Streitern mit den Edelsteinen der Tugenden
geziert und dem Preise der unvergänglichen Seligkeit ge=
krönt mit unserem Erlöser und Heiland Jesus Christus,
dessen Namen du trägst und als dessen Statthalter du giltst,
dich erfreuest ohne Ende."

Bei Ueberreichung des Scepters spricht der Erzbi=
schof folgende Worte:

„Nimm hin den Stab der Kraft und Wahrheit und
erkenne darin deine Pflicht, den Guten Muth, den Bösen
Schrecken einzuflößen, die Irrenden zurecht zu weisen, den
Gefallenen die Hand zu reichen, die Hochmüthigen zu stür=
zen, die Demüthigen zu erheben. Es öffne dir die Pforte
Jesus Christus, unser Herr, der von sich selbst sagt: „Ich
bin die Pforte. Wenn Jemand durch mich eingeht, so wird
er selig werden." Er, der der Schlüssel David's ist und
das Scepter des Hauses Israel, der öffnet und Niemand

schließt, der schließt und Niemand öffnet; Er sei dir Füh=
rer, der den Gefesselten aus des Kerkers Banden führt,
der da sitzt in der Finsterniß und im Schatten des Todes;
und so mache dich würdig, in Allem Dem zu folgen, von
welchem der Prophet David gesungen: Dein Thron, o
Gott, stehet immer und ewig; das Scepter der Gerechtig=
keit ist das Scepter Deines Reiches, und in seiner Nach=
ahmung liebe die Gerechtigkeit und hasse die Ungerechtig=
keit, weil dich darum Gott, dein Gott, gesalbt hat nach
dem Vorbilde dessen, den er vor aller Zeit mit dem Freu=
denöl gesalbt hatte, Jesum Christum, unseren Herrn, der
mit ihm lebt und regiert als Gott durch alle Ewigkeit.
Amen."

Nach der Krönung des Königs beginnt die Segnung
und Krönung der Königin. Der König erhebt sich von
seinem Throne und mit der Krone auf seinem Haupte und
dem Scepter in der Hand schreitet er zum Altare und
richtet an den Bischof die Worte:

„Ehrwürdiger Vater! Wir begehren, daß ihr unsere
uns von Gott verbundene Gefährtin segnen und mit der
Krone als Königin schmücken wollet, zu Lob und Ehre un=
seres Heilandes Jesu Christi."

Später betet der Erzbischof mit den anderen Bi=
schöfen:

„Allmächtiger, ewiger Gott, heilige diese deine Die=
nerin — —, welche wir zum Besten des Reiches zur Kö=
nigin ersehen, mit himmlischem Segen. Deine Weisheit
unterweise und kräftige sie überall und deine Kirche möge

sie jeder Zeit als treue Dienerin anerkennen; durch Jesum Christum, deinen Sohn u. s. w."

Wir übergehen, um nicht zu weitläufig zu werden, die übrigen heiligen Handlungen, können aber nicht unterlassen, noch die Worte anzuführen, mit denen der Erzbischof der Königin das Scepter darreicht, in denen so kurz das erhabenste Bild einer christlichen Königin enthalten ist. Er spricht:

„Nimm hin den Stab der Tugend und Wahrheit und sei barmherzig und leutselig gegen die Armen, erweise den Wittwen, Unmündigen und Waisen die angelegentlichste Sorgfalt, damit der allmächtige Gott dir seine Gnade vermehre, der lebt und regiert in Ewigkeit. Amen."

So wird die Königin, als eine Mutter der Armen, Wittwen und Waisen, gleichsam als die erste barmherzige Schwester des Landes eingesetzt.

Diese ganze erhabene Handlung bedarf keiner weiteren Erklärung. Sie setzt neben dem Königthum „von Gottes Gnaden" auch ein Priesterthum „von Gottes Gnaden" nothwendig voraus. Der Bischof handelt hier, wie er selbst ausspricht, als Stellvertreter Jesu Christi, als Nachfolger der Apostel und erkennt im Namen Christi und im Auftrage der Kirche die königliche Würde als eine von Gott verliehene feierlich an. Diese Anerkennung der weltlichen königlichen Würde von Seiten der Kirche im Angesichte des ganzen Reiches ist der eine Theil der Bedeutung der alten Königskrönung. Dabei bleibt aber die Kirche nicht stehen, sondern sie betet auch für den König, wie es das von Christus ihr übertragene Amt mit sich bringt, und segnet

ihn mit den Segnungen, die Christus ihr zu spenden über=
tragen hat. Das Alles aber kann die Kirche nicht thuen,
ohne ununterbrochen an die großen und schweren Pflichten
des Königs zu denken, und so sind denn alle Gebete und
Anreden bei der christlichen Krönungsfeier voll von jenen
ernsten, schlichten, offenen Ermahnungen, wie sie der Wahr=
heit würdig sind.

XIII. Der Staat von Menschen Gnaden.
Zwei Grundlagen des Staates: Gottes Wille, des Menschen Wille.

Dieser Welt= und Staatsordnung, die sich auf Gott und Gottes Wille gründet, die überall nur Gottes Dienst ist und zu Gottes Ehre gereichen soll, steht jene Welt= und Staatsordnung entgegen, die sich nur auf Menschen und Menschenwillen auferbauen will, die nur Menschendienst an= erkennt und nur zur Verherrlichung des sogenannten Men= schenthums dienen soll. Dem Staate von Gottes Gnaden wird der Staat von Menschen Gnaden entgegengestellt. Das ist recht eigentlich die Signatur und das Wesen des soge= nannten modernen Staates, der nur Menschenwerk ist und nur Menschenwerk sein will, obgleich auch er an gewissen deutschen Hochschulen seine Hoftheologen hat, die ihm einen gewissen evangelischen Schein geben sollen.

Wir müssen diese Richtung näher ins Auge fassen. Sie hat zwar, Gott sei Dank, im deutschen Volke noch keine weite Verbreitung erhalten; unter den Ständen aber, die ihre Bildung aus der Tagespresse entnehmen, hat sie bereits die Oberhand erreicht und droht sich von da aus immer weiter zu verbreiten. Diese Ansicht vom Staate und von der Staatsgewalt ist die nothwendige Consequenz der Gott=

losigkeit und Gottesläugnung und jener unseligen Denkweise, die alle übernatürliche Ordnung verwirft. Dem Worte der heiligen Schrift entgegen ist das Dogma dieser Partei: Es gibt keine Gewalt von Gott; jede, die da besteht, ist vom Volke angeordnet; wer sich ihr widersetzt, der widersetzt sich der Anordnung des Volkes und ladet die Ungunst des Volkes auf sich. Es ist wichtig, die ganz nothwendigen und furchtbaren Consequenzen dieses Systemes ins Auge zu fassen, und oft und vielfach zu besprechen.

Alle Menschen stehen sich ihrer Natur nach wesentlich gleich. Wenn auch der eine Mensch den andern an natür= lichen Fähigkeiten übertrifft, so begründet das doch keine wesentliche Unterscheidung, sondern vielfach nur eine schnell vorübereilende, da die Fähigkeiten entwickelt, die Kenntnisse erworben werden können. Der Mensch lediglich als solcher dem Menschen gegenüber ist vollkommen unabhängig, wahr= haft souverän. Dieses Bewußtsein kann durch äußere Ver= hältnisse schlummern, im Grunde der Seele ruhen; es tritt aber unter günstigen Verhältnissen als eine mit dem Selbstbe= wußtsein innig verbundene Wahrheit unfehlbar wieder hervor.

Wenn nun der Mensch an Gott glaubt, von dem er und alle seine Mitmenschen das Leben empfangen haben, wenn er Gott als die ewige Wahrheit, als den wahren und höchsten Herrn aller Dinge anerkennt, so hat er auch in diesem Glauben den Grund einer Autorität, und er erkennt es als seine Pflicht, sich dieser Autorität in allen seinen Verhältnissen, gegen Gott selbst und seine Mitmenschen zu unterwerfen. Da versteht er das Gebot: Du sollst Gott deinen Herrn lieben aus deinem ganzen Herzen, aus deinem

ganzen Gemüthe und aus allen deinen Kräften! und aus
diesem höchsten Gesetze entwickelt sich dann die höchste Ordnung und Unterordnung.

Wenn dagegen der Mensch kein anderes Dasein anerkennt als die Natur, wenn er in der Natur keinen höhern
Willen, keine höhere Intelligenz findet, als den menschlichen
Willen und die menschliche Vernunft, so muß er naturnothwendig in seiner Verblendung endlich dahin kommen, seinen
Willen und seine Vernunft für sich als das Höchste und in
allen Dingen Entscheidende zu betrachten. Der ganzen Vergangenheit, der ganzen Gegenwart, dem ganzen Menschengeschlecht steht er dann mit seinem Denken und Wollen nicht
nur ebenbürtig, sondern vollkommen unabhängig gegenüber.
Alles, was Menschen gedacht haben, sind ihm bloße Menschengedanken, Alles, was sie im Staate, in der bürgerlichen
Gesellschaft, in religiösen Vereinen festgestellt haben, bloße
Menschenwerke, die für ihn keine Autorität, kein Gesetz, kein
Maßstab sein können. Dem ungebundensten Subjectivismus
ist dann nicht nur Thür und Thor geöffnet, sondern er ist
dann vollkommen in seinem Rechte. Alle anderen Menschen
haben dann kein Recht, ihn zu belehren, ihm zu befehlen,
ihn zu richten, ihn zu bestrafen. Ihr Geist und sein Geist,
ihr Wille und sein Wille steht ja ganz auf einer Linie und
über ihnen ist Nichts. Das einzige rechtmäßige Bindemittel
der menschlichen Gesellschaft ist dann der Vertrag. Aber
auch dieser reicht in diesem Systeme nicht aus, um den
Menschen zu binden und ihn einer Ordnung zu unterwerfen.
Alles ist ja im Fortschritt begriffen nach einem unbekannten
Ziele. Ob es Etwas an sich Wahres, an sich Gutes, an

sich Gerechtes gibt, ist dann eine offene Frage. Der Fort=
schritt zeigt ihm vielleicht, daß Das, wozu er sich heute
verbunden, morgen ihm nicht mehr als gut, wahr und
recht erscheint. Wie kann er dann noch dadurch sich ge=
bunden erachten? Es muß darum fortwährend Alles
in Frage gestellt bleiben und es bleibt durchaus kein
Mittel der Verbindung als die Gewalt. Der Kampf
aller dieser absolut souveränen Individualitäten gegen
Alle ist die nothwendige Consequenz dieses Systemes und
die letzte Frage, die sich Jeder dann stellen wird, ist
nicht mehr: Was soll ich? Was darf ich? sondern:
Was kann ich?

Das ist der Geist, der jetzt im Schoße der Menschheit
kocht und wühlt; der in einzelnen Ereignissen bald hier,
bald da, wie ein verheerender Feuerstrom hervorbricht; der
an den Fundamenten der menschlichen Gesellschaft im Ver=
borgenen frißt und nagt wie ein Wurm an den Wurzeln
eines mächtigen Baumes. Man kann eben mit der Lüge
nicht spielen. Wer sich ihr hingibt, wird von ihr verschlun=
gen werden. Man hat wahrhaft mit der Gottlosigkeit und
Gottesläugnung gespielt und thut es vielfach noch. Könige,
die sich „von Gottes Gnaden" nannten, waren große Spötter
über alle Religion und Gottesfurcht und verbreiteten diese Ge=
sinnung. Nichts wird heute leichter verziehen als Gottlosigkeit.
Für die Beleidigungen Gottes hat man keinen Sinn mehr.
Das Recht der Gottesläugnung wird bereits als ein Postu=
lat der Wissenschaft angesehen. Man hat keine Empfin=
dung mehr für das Verbrechen, daß man Menschen, die
das Dasein Gottes läugnen, zu Lehrern der Jugend

bestellt. Im Interesse der Gottesläugnung duldet man so=
gar die offenbarste Verdrehung des natürlichsten Wortsinnes
und scheut sich nicht, Gesellschaften, welche die Gottes=
läugnung Gottesdienst nennen, als religiöse Secten anzuer=
kennen. Ein solches Spiel mit seinem heiligen Namen
wird Gott nicht dulden. Man kann nicht das Fundament
eines Hauses ausgraben und zerstören, das Haus selbst
aber in der Luft schwebend erhalten, um darin bequem fort=
zuwohnen. So kann man auch die Fundamente der Welt=
ordnung nicht zerstören lassen, ohne unter den Trümmern
endlich begraben zu werden. Wenn es keine übernatürliche
Ordnung gibt, dann ist Wahrheit ein Räthsel, Recht und
Gerechtigkeit ein Räthsel, Sittlichkeit und Tugend ein Räth=
sel und jeder Mensch für sich der vollkommene unabhän=
gige Räthseldeuter.

XIV. Absolutismus, Centralisation.

Der egoistische Mißbrauch der Staatsgewalt, ob sie sich „von Gottes Gnaden" oder von Volkes Gnaden nennt, ob sie sich auf Gottes oder Menschen Willen zu gründen behauptet, bildet das Wesen des Absolutismus und der schrankenlosen Centralisation. Absolutismus ist also die Selbstsucht in der Staatsgewalt, wie Revolution die Selbstsucht in den Gliedern des Staatskörpers. Beide lösen den Staatsverband auf: jener, indem er die Freiheit, die Individualität, das eigene Leben der Glieder zerstört; diese indem sie das sociale Band zerreißt, das die Gesellschaft begründet; jener vernichtet die Vielheit, diese die Einheit, während Vielheit und Einheit gleich nothwendige Elemente jeder Societät, insbesondere des Staates sind.

Der Absolutismus ist daher in seiner Natur das Streben der Staatsgewalt nach Allgewalt, Allherrschaft, Unbeschränktheit auf Kosten der persönlichen und corporativen Individualitäten; ein Streben, das sich insbesondere durch ungemessene Centralisation kund gibt. Der Absolutismus ist unendlich herrschsüchtig und eifersüchtig; er will für Alle denken, für Alle sorgen, für Alle handeln, Alle

5 *

unterrichten, Alle glückselig machen. Er überläßt Anderen
nur noch das Arbeiten, das Bezahlen und, in seiner libe=
ralen Form, das Wählen. Jede Selbstständigkeit ist ihm
verhaßt; er nennt sie „Staat im Staate." Er allein will
stehen und will für Alle stehen und Alle sollen auf ihm
stehen. Das ist auch, um es hier nebenbei zu sagen, der
Grund seiner Ohnmacht, die sich überall bei jeder Erschüt=
terung so merkwürdig zu erkennen gibt. Nichts fällt plötz=
licher, unerwarteter und heilloser zusammen als alle diese
absolutistischen Staaten. Das kommt daher, weil sie nur auf
Einer Stütze ruhen und mit ihr immer Alles zusammen
bricht.

Im alten Heidenthume hatte dieser staatliche Absolu=
tismus in den römischen Kaisern einen hohen Grad von
Ausbildung erhalten. Das römische Kaiserthum hatte sich
zu einer Art Götzendienst ausgebildet, in dem der Kaiser
selbst der Halbgott und der Oberpriester war. Daher ent=
stand die Rechtsregel: Quod principi placuit, legis habet
vigorem, utpote cum lege regia populus ei et in eum
omne suum imperium et potestatem conferret etc. [1]), das
Wohlgefallen des Kaisers ist das Gesetz der Welt. Der
Kaiser aber, selbst von Gott getrennt, war eben ein Knecht
aller menschlichen Laster, und so waren in der That die
Laster des Kaisers die Gesetze der Welt. Da konnte natür=
lich von Menschenwürde, von dem Rechte der Individuali=
tät keine Rede sein. Zum Glück kannte man damals noch

---

1) Dig. de Constitut. L. I. tit. IV. S. *Ozanam*, La Civilisation au
cinquième siècle. Tom. I. pag. 192.

nicht wie jetzt alle Mittel der modernen Centralisation, und so blieb immerhin noch ein verhältnißmäßig großer, von der Staatsgewalt nicht occupirter freier Raum, wo persönliche Freiheit sich noch bewegen konnte, was dem eben auftretenden Christenthum im höchsten Grade zu Nutzen kam. Diesem altrömischen Absolutismus, der die Leidenschaften der Kaiser zu Beherrschern der Welt gemacht hatte, trat nun das Christenthum im Namen des wahren Herrn der Welt entgegen und stürzte diesen alten Götzen durch seine erhabene Lehre von dem Einen wahren Gotte, von der Erlösung des Menschengeschlechtes, von der Berufung aller Menschen zur Kindschaft Gottes, von der Pflicht, Gott mehr zu gehorchen als den Menschen und dem Kaiser, von dem Heiligthume des Gewissens im Centrum der menschlichen Seele, von der Theilung der geistlichen und der weltlichen Gewalt.

Das Mittelalter war recht eigentlich die Zeit der persönlichen und corporativen Freiheit. Es erbauete sich mit allen seinen unaussprechlich mannigfaltigen Formen auf allen Gebieten des menschlichen Lebens auf dem starken, unverdorbenen Stamm der germanischen Völker, die durch ihre kräftige starke Persönlichkeit für die christliche Freiheit insbesondere empfänglich waren. Eine unbeschränkte Gewalt in Menschenhänden kannte man damals nicht. Man ehrte zwar in der geistlichen Gewalt in der Kirche, wie in der weltlichen Gewalt im Staate, eine von Gott gegebene Ordnung, eine Gewalt, der man, insoweit sie sich in der von Gott gesetzten Schranke bewegte, nicht widerstehen dürfe, ohne sich Gottes Anordnung zu widersetzen. Man war

aber zugleich ganz allgemein und tief von der Gesinnung
durchdrungen und erfüllt, daß jede menschliche Willkür in
dieser Ordnung ein Mißbrauch, ein Unrecht, eine Rechtsverletzung sei, und daß folglich Jeder, der berufen sei, als
Gottes Stellvertreter in Kirche und Staat eine Gewalt in
ihr zu üben, sich ihr ganz so unterwerfen müsse, wie jeder
Andere. Der Papst und der Kaiser, der Bischof und der
Fürst, der Priester und der Laie, Alle ohne Ausnahme
trugen dieses Bewußtsein, daß sie im Befehlen und im Gehorchen nur die Vollzieher einer von Gott gesetzten Ordnung
seien, wo Jeder verpflichtet sei, die Grenzen genau einzu-
halten, die Gottes Gesetz in Vernunft und Offenbarung bezeichnet habe. Es versteht sich von selbst, daß auch bei
dieser Ansicht mancherlei und große Streitigkeiten entstehen
konnten, aber der Grundsatz wurde dadurch nicht in Frage
gestellt. Daher kam auch die ganz merkwürdige Freimüthigkeit, die wir in so vielen Zügen des Mittelalters
antreffen. Diese Bedientengesinnung, die wir jetzt mit dem
Namen des Servilismus bezeichnen, kannte man damals
nicht. Selbst in jenen Zeiten, wo man sich die päpstliche
Gewalt als auf ihrem Gipfel angelangt vorstellt, bestand
eine Freimüthigkeit im Tadel der Mißbräuche und der
persönlichen Schwächen der Menschen, wie man jetzt keine
Vorstellung davon hat.

Seit dem fünfzehnten Jahrhundert hat man nun diese
alten Grundlagen der christlich-germanischen Freiheit all-
mälig verlassen und sich dem Heidenthume wieder zu-
gewendet. Der Absolutismus des Heidenthumes wurde
wieder das Vorbild für die Stellung der Staatsgewalt.

Wie man in der Kunst die christlichen Werke verachtete und sich den Schönheitsformen des Alterthumes zuwandte; wie man in der Philosophie die geistigen Dome des Mittelalters verhöhnte und heidnischen Pantheismus und Materialismus wieder aus der Erde grub; wie man in der Rechtslehre die ganze germanische Rechtsanschauung vergaß und sich von italienischen Rechtsschulen römische Rechtsanschauungen und Formen holte, um sie als neue Zwangsjacke dem deutschen Volke anzuziehen: so entlehnte man auch von dem alten, schlechten römischen Kaiserthume die Ideen von dem Rechte der Staatsgewalt, während man zugleich anfing das ganze Mittelalter nur mehr zu verhöhnen und mit Schimpf zu bedecken. So kehrte der Absolutismus der Staatsgewalt bei uns ein und ließ sich fast ohne Widerspruch auf allen Thronen Europa's nieder.

Diese Richtung wurde in den protestantischen Ländern wesentlich dadurch gefördert, daß man die altchristliche Unterscheidung zwischen den Trägern der geistlichen und weltlichen Gewalt aufgab und sie wieder in der Einen Hand der weltlichen Fürsten vereinigte. Welche schnelle Fortschritte dieser heidnische Absolutismus machte, sehen wir recht eigentlich in der allgemeinen, plötzlichen Annahme des Grundsatzes: „Cujus regio, ejus religio,“ d. h. Jeder muß die Religion seines Fürsten haben. Das Christenthum hatte den heidnischen Absolutismus gestürzt durch die Macht des Gewissens; die Märtyrer waren den Kaisern entgegengetreten und hatten ihnen gesagt: Wir können nicht, weil es unser Gewissen verbietet, das nur von Gott abhängt. Das war zugleich die Wiederherstellung der Menschenwürde.

Der neuheidnische Absolutismus dagegen griff eben dieses Gewissen an, wodurch er früher gestürzt worden war, und erklärte, daß die Unterthanen kein Gewissen haben dürften, und ohne Gewissen glauben müssen, was ihr Fürst glaubt. Daher kam es, daß in vielen protestantischen Ländern die armen Unterthanen in kurzer Zeit ihre Religion oft wechseln mußten. In der Pfalz z. B. drei- oder viermal, in der Stadt Oppenheim gar zehnmal bis zum Westphälischen Frieden[1]), so daß sie über die wichtigsten christlichen Lehren bald das Eine, bald das Andere annahmen. Das ist vielleicht der größte Greuel, der je in der Weltgeschichte vor- gekommen ist; denn selbst die alten römischen Kaiser, bei denen die Rechtsregel galt, daß das Wohlgefallen des Kai- sers das Gesetz der Welt sei, haben nicht gewagt so in das Gewissen ihrer Sklaven einzugreifen. Der Protestantismus hat sich diesen Grundsatz fast ohne Widerrede gefallen lassen.

Eine Staatsgewalt, die so weit ging, konnte natürlich auch andere Freiheiten nicht achten, und so sind denn auch in der That alle Freiheiten ohne Ausnahme nach und nach zu Grunde gegangen[2]). Die deutschen Fürsten haben ihre Souveränetät, die ja nach altrömischem Muster eine unbe- schränkte werden mußte, auf Kosten der Kirche, auf Kosten des Reiches und auf Kosten der Freiheiten ihrer Unter- thanen ausgebildet. Dabei wurden sie aber wieder unter-

---

1) Wolfgang von Gemmingen auf dem Westphälischen Friedenscon- gresse. Vergl. Döllinger: Kirche und Kirchen S. 55.

2) S. Kirche und Kirchen von Döllinger. Seite 93—155.

stützt von den Bestrebungen der bourbonischen katholischen
Höfe, die in Ludwig XIV. ihren Culminationspunkt er=
reichten. Als Katholik konnte er nicht mit den protestan=
tischen Fürsten sagen: Cujus regio, ejus religio. Statt
dessen sagte er: l'Etat c'est moi, der Staat bin ich, und
führte diesen Grundsatz mit solcher Consequenz durch, daß
auch in Frankreich kein Stein der alten fränkisch=germanischen
Freiheit mehr übrig blieb. Der Absolutismus Ludwigs XIV.
ist dann ein hohes Vorbild geblieben für Alle, die von da
an die Staatsgewalt geübt haben. Der Absolutismus der
Staatsgewalt ist in Fleisch und Blut der europäischen
Menschheit — wenn wir, aber auch nur theilweise, England
allein ausnehmen, — übergegangen und hat das ganze Staats=
wesen durch und durch vergiftet. Selbst jene Parteien, die
in den letzten achtzig Jahren in Europa die Fahne der Re=
volution schwingen, sind nur dem Namen und der Form,
nicht aber der Sache nach von ihm unterschieden. Das hat
Tocqueville so überzeugend nachgewiesen, daß das, was
man das ancien régime nennt, also die Regierungsgrund=
sätze sämmtlicher europäischer Fürsten in den letzten Jahr=
hunderten, im Wesen vollkommen übereinstimme mit den
Grundsätzen der Revolution[1]). Es ist Ein Geist in zwei
Formen, sie sind durchaus im Wesen identisch. Ob der
römische Kaiser sagt: „Mein Wohlgefallen ist das Gesetz
der Welt;" ob der protestantische Fürst sagt: „Cujus re=
gio, ejus religio," Jeder muß glauben, was ich glaube, jedes
Gewissen mein Gewissen als Richtschnur anerkennen; ob

---

1) L'ancien régime et la révolution. Paris 1857.

der sogenannte legitime Fürst sagt: „L'Etat c'est moi," „Mein Wille ist der Staatswille;" ob Robespierre sagt: „Die Freiheit ist der Despotismus der Vernunft," die Vernunft aber, was ich und der Wohlfahrtsausschuß euch decretire, dem ihr unbedingt zu folgen habet, wenn ihr nicht auf die Guillotine geschleppt werden wollet; oder ob endlich der große Prophet des modernen Liberalismus, Casimir Perrier sagt: „Die Freiheit ist der Despotismus des Gesetzes," Gesetz aber, was ich mit den Kammermajoritäten euch vorschreibe; — das Alles ist im Grunde Eins, der Ausdruck für denselben Absolutismus der Staatsgewalt.

Wir sind hier bereits angelangt bei der modernsten Form des Absolutismus, dem Absolutismus in der Gestalt der Freiheit. Da aber dieser Absolutismus am wenigsten erkannt wird, zugleich aber in der Gegenwart aller wahren Freiheit den Untergang droht, so müssen wir ihn besonders betrachten. Bevor wir aber dazu übergehen, wollen wir noch einige andere Abschnitte dazwischen schieben, die geeignet sind, auf diesen wichtigen Gegenstand immer mehr Licht zu werfen.

XV. Brief von Fénelon über den Absolutismus.

Fénelon gehört unbestritten zu den liebenswürdig=
sten und mildesten Charakteren, die das Christenthum auf=
zuweisen hat. Auch die Nichtkatholiken erkennen ja vielfach
die hohen Eigenschaften seines Geistes an. Er sah als Zeit=
genosse Ludwigs XIV. den Absolutismus unter seinen
Augen aufwachsen. Es ist daher gewiß von ganz außer=
ordentlichem Interesse, ein Urtheil von ihm über denselben
zu hören. Wir sind nun so glücklich einen Brief von ihm
zu besitzen, worin er sich so klar und eingehend wie möglich
über das absolutistische Staatssystem ausgesprochen hat.
Die Aechtheit dieses Briefes ist bestritten worden, sie ist
aber nach den neuesten Forschungen außer Zweifel [1]). Der
Brief ist an Ludwig XIV. selbst gerichtet. Ob er ihn über=
schickt hat, ist ungewiß. Die Verbreitung des Schreibens
scheint uns aber um so nothwendiger, weil ja leider von
Bossuet an viele hervorragende Männer in Frankreich bis
auf den heutigen Tag sich durch den äußeren Glanz der
Regierung dieses Königs haben täuschen lassen und den
unermeßlichen Schaden nicht erkennen, den dieses durchaus
schlechte System der Kirche und der ganzen Christenheit

---

1) Oeuvres de Fénelon Paris 1851. Tome I. pag. 155.

in religiöser und politischer Hinsicht zugefügt hat. Wir lassen daher diesen merkwürdigen Brief hier folgen. Er lautet:

Sire!

Die Person, die sich die Freiheit nimmt, diesen Brief an Sie zu richten, hat schlechterdings kein Interesse auf dieser Welt, das ihr die Hand führte. Nicht geheimer Widerwille, nicht verletzter Ehrgeiz, nicht unedler Drang, sich in Staatsgeschäfte zu mischen, konnte sie zu diesem Schritte verleiten. Sie liebt den König, ohne von ihm gekannt zu sein; sie verehrt in ihm Gott, der die Krone auf sein Haupt gesetzt hat.

Sie können mit all ihrer Macht — von allen Gütern, die Sie besitzen, dieser Person keines geben, das sie ver= langte; und sie würde gern alle Uebel der Erde dulden, um Sie mit jenen Wahrheiten vertraut zu machen, ohne die auch ein König nicht gut und groß werden kann. Wenn sie die Sprache des muthigen, freien Mannes zu Ihnen spricht, so wundern Sie sich darüber nicht; denn das ist eben der rechte Ton der Wahrheit, das ist der Beweis, daß sie, die Wahrheit, stark und frei, und Ihr Ohr ungewohnt ist, sie zu hören.

Menschen, die sich gern schmeicheln lassen, sind geneigt, da, wo nur reine, nackte Wahrheit erscheint, verborgene Zwecke, Ueberspannung und das Werk einer be= leidigten Empfindlichkeit zu sehen.

Dem König die Wahrheit nicht in ihrem ganzen Umfange vorhalten, heißt an ihm selber einen Hochverrath begehen.

Gott ist mein Zeuge, die Person, die zu Ihnen spricht, thut es mit einem Herzen, das von Eifer, Ehrfurcht und liebevoller Theilnahme an Allem, was mit Ihrem Wohlsein zusammenhängt, erfüllt ist.

Sie sind geboren, Sire! mit einem geraden, biedern Sinne: aber Ihre Erzieher haben Sie keine andere Regierungskunst gelehrt, als die aus Mißtrauen, aus Eifersucht, aus Fernsein von Tugend, aus Scheu vor allem glänzenden Verdienste, aus Geschmack an unterwürfigen, kriechenden Menschen, aus Hoheits-Gefühl und Hoheits-Geberde, und aus Vorliebe für das allein, was Sie groß und herrlich macht, zusammengesetzt ist.

Seit dreißig Jahren haben Ihre vornehmsten Minister alle Grundpfeiler des Staates zuerst erschüttert und dann umgestürzt, um die Machtvollkommenheit des Königs, die in den Händen der Minister das Eigenthum der Minister geworden war, bis auf die höchste Stufe zu erheben.

Es hat sich die ganze Sprache am Hofe geändert: man hörte kein Wort mehr von Staat und Staats= gesetz; es war nur immer die Rede von dem König und dem Willen des Königs.

Ihre Einnahmen und Ausgaben haben sich ins Unend= liche vermehrt. Man hat Sie bis in den Himmel erhoben, weil Sie die Größe, die in Ihren Vorgängern zerstreut gewesen, in Ihrer einzigen Person vereinigt, das heißt, ganz Frankreich arm gemacht haben.

Um an Ihrem Hofe einen abenteuerlichen und unheil= baren Luxus einzuführen, haben die Vertrauten des Regen= ten den Thron auf den Ruinen aller Stände des Kö= nigreiches erheben wollen, gerade als wenn Sie dadurch groß werden könnten, daß Sie Ihre Unterthanen klein und zu Nichts machten, da doch die Größe der Unterthanen die wahre Grundlage aller Größe des Königs ist.

Es ist wahr, Sie wachten mit einer Art von rastloser Eifersucht über Ihr königliches Ansehen, und vielleicht zu sehr, besonders in Sachen, die in das Auge fallen. Aber im Grunde war doch jeder Minister in dem Zweige seiner Verwaltung ein unumschränkter Herr.

Sie glaubten dadurch zu regieren, daß Sie unter denen, die regierten, die Regierungsbezirke scharf begrenzten. Und diese Bezirks-Regenten haben ihre Herrschaft dem Volke nicht nur sichtbar, sondern auch fühlbar und nur zu fühlbar gemacht. Diese Bezirks-Regenten waren stolz, hart, ungerecht, gewaltthätig. Arglist hatte die Aufrichtigkeit verdrängt. Diese Bezirks-Regenten kannten sowohl in der Verwaltung des Innern, als in der Unterhandlung nach Außen kein anderes Gesetz als zu drohen, zu zermalmen und zu vernichten Alles, was ihnen Widerstand leistete. Die Bezirks-Regenten sprachen nie mit Ihnen, als um jedes Verdienst, das sie, die Minister, hätte in Schatten setzen können, von ihrem Könige zu entfernen. Diese Bezirks-Regenten haben das königliche Ohr daran gewöhnt, ohne Unterlaß nichts als übertriebene Lobeserhebungen anzuhören, Lobeserhebungen, die bis zur Vergötterung gingen, und die Sie um Ihres eigenen Heiles willen mit Verachtung hätten zurückweisen sollen.

Man hat den königlichen Namen verhaßt und die ganze französische Nation ihren Nachbarn unerträglich gemacht. Es konnte kein Bundesgenosse aushalten, weil man nur Sklaven wollte.

Man hat blutige Kriege angefangen. So wurden Sie im Jahre 1672 von den Ministern verleitet, einen Krieg gegen Holland zu führen, um den königlichen Ruhm zu behaupten und die Holländer zu strafen für ein paar Spottreden, die ihnen der Verdruß ausgepreßt hatte, in den man sie selber hineinjagte dadurch, daß die Gesetze des Handels, welche Richelieu festgesetzt, willkürlich übertreten wurden.

Ich habe mit Bedacht diesen Krieg besonders genannt, weil er die Quelle aller anderen war, und weil er keinen Beweggrund, als den des Ruhmes und der Rache, für sich hatte, einen Beweggrund, der nie einem Kriege das Siegel der Rechtmäßigkeit aufdrücken kann. Daraus folgt aber, daß alle Erweiterungen der Grenzen, die eine Folge dieses Krieges sind, als ungerechte Eroberungen angesehen werden müssen.

Ich weiß wohl, daß die erfolgten Friedensschlüsse die Ungerechtigkeit der Eroberung zu decken scheinen, weil sie Ihnen die genommenen Städte eingeräumt haben. Aber ein Krieg, der in seinem Anfange ungerecht ist, wird durch ein glückliches Ende nimmer gerecht. Die Friedensschlüsse, die der Ueberwundene unterschreibt, sind nicht von freiem Willen unterzeichnet. Man unterschreibt — das Messer am Halse, man unterschreibt wider Willen, und bloß um noch größere Verluste zu verhüten. Man unterzeichnet, wie man seine Börse hingibt, wenn es heißt: Gib oder stirb!

Um also Ihre Eroberungen vor Gottes Auge zu untersuchen, müssen Sie bis zum Ursprunge des holländischen Krieges zurückgehen.

Es wäre unnütz, zu sagen, gemachte Eroberungen seien für Ihre Staaten nothwendig. Nothwendig kann für mich nicht seyn, was ein Eigenthum des Andern ist. Wahrhaftig nothwendig ist nur Eines. Und dieß Eine heißt: Gerechtsein.

Es läßt sich auch nicht einmal mit Grund sagen: Sie hätten das Recht, jene Plätze zu behaupten, weil Sie zur bessern Sicherung Ihrer Grenzen dienen. Die Sicherheit der Grenzen müssen Sie sich verschaffen durch Klugheit in Ihren Allianzen, durch Mäßigung in Ihren Forderungen, und durch Befestigung tauglicher Plätze, die auf Ihrem Gebiete liegen. Allein das Bedürfniß, die Grenze zu sichern, gibt Ihnen keinen Rechtsgrund, Ihrem Nachbar sein Land zu nehmen.

Fragen Sie darüber verständige, biedere Männer, und sie werden Ihnen bekennen, daß meine Behauptung so klar ist, wie der Tag.

Dies möge hinreichen, um Sie zur Erkenntniß zu bringen, daß Ihre ganze Lebensbahn außer dem Gebiete der Gerechtigkeit und der Wahrheit umherirrte — also auch außer der Grenzlinie des Evangeliums.

So viele schreckliche Erschütterungen, durch die seit mehr als zwanzig Jahren ganz Europa verheert, so viel Blut, das wie Wasser vergossen, so viele Greuel, die verübt, so viele Provinzen, die verwüstet, so viele Städte und Dörfer, die in Asche verwandelt wurden — sind weiter nichts, als unselige Folgen des unseligen Krieges von 1672, den Sie bloß aus Ruhmsucht begonnen haben, um die Zeitungs-

schreiber und die Erfinder gewiſſer ſatyriſcher Schaumünzen
in Holland zu züchtigen.

Unterſuchen Sie, ohne ſich ſelbſt zu ſchmeicheln, in
einem Kreiſe von rechtſchaffenen Männern, ob Sie alle Ihre
Beſitzungen behalten dürfen, die Ihnen durch Friedens=
ſchlüſſe zugeſprochen wurden, zu welchen Sie Ihre Feinde
durch einen Krieg genöthigt haben, der gar keinen
Grund für ſich hatte, und Alles wider ſich.

Eben dieſer Krieg iſt die wahre Quelle, aus der jetzt
noch alle die Uebel fließen, unter denen Frankreich leidet.
Von dieſem Kriege an wollten Sie immer, ſtatt die Frie=
densſchlüſſe nach dem Geiſte der Billigkeit und Mäßi=
gung zu beſtimmen, die Bedingniſſe des Friedens als ge=
bietender Dictator der Welt vorſchreiben. Und eben dieſe
Willkür, die den Frieden erzwingt, trägt die Schuld, daß der
Friede nicht dauern kann. Ihre Feinde, mit Schande nie=
bergedrückt, ſinnen nur darauf, wie ſie ſich wieder erheben
und wider Sie vereinigen können. Dies geht Alles ſehr
natürlich zu, denn Sie ſelber ſind ja den ausdrücklichen
Bedingniſſen der Friedensſchlüſſe, die Sie doch ſelbſt mit
ſo viel Stolz dictirt haben, nicht getreu geblieben; Sie
haben mitten im Frieden den Krieg wieder eröffnet, und un=
geheure Eroberungen gemacht; Sie haben die berüchtigte
Reunionskammer errichtet, um zugleich Richter und Partei
ſein zu können. Das heißt doch wahrhaftig, zur Gewalt=
ſamkeit der Uſurpation noch die Ungerechtigkeit
der Beſchimpfung und Verhöhnung hinzufügen;
Sie haben in dem weſtphäliſchen Frieden zweideutige Aus=
drücke aufgeſucht, um Straßburg zu nehmen. Nie hat es

6

einer Ihrer Minister seit so vielen Jahren gewagt, sich auf diese Ausdrücke in irgend einer Unterhandlung zu berufen, um daraus auch nur den geringsten Anspruch, den Sie auf diese Stadt hätten, zu erkünsteln.

Ein solches Benehmen der bloßen Willkür hat aber ganz Europa wider Sie vereinigt, und seine Vereinigung gekräftigt. Selbst die, welche sich nicht getraut haben, eine öffentliche Erklärung wider Frankreich abzugeben, sehen mit geheimer Ungeduld der Stunde entgegen, welche die Entkräf= tung und Demüthigung Eurer Majestät herbeiführt, weil sie diese Demüthigung als das einzige Rettungsmittel für die Freiheit und Ruhe aller christlichen Nationen ansehen.

Ach Sire! Sie hätten sich den so gegründeten und friedlichen Ruhm, ein Vater Ihrer Unterthanen und ein Schiedsrichter Ihrer Nachbaren zu sein, erwerben können, und nun werden Sie als Feind Ihrer Nachbaren gehaßt, und laufen Gefahr, auch als ein grausamer Beherrscher in Ihrem eigenen Reiche ge= fürchtet zu werden.

Die seltsamste Wirkung der bösen Rathschläge, die man Ihnen gegeben hat, ist die Fortdauer des Bündnisses, in das die Mächte wider Sie getreten sind. Die Bundesge= nossen wollen lieber mit Verlust den Krieg fortsetzen, als mit Ihnen Frieden schließen, weil sie die Erfahrung belehrt hat, daß ein solcher Friede kein wahrer Friede ist, indem Sie die Bedingnisse desselben so wenig erfüllen würden, als Sie den vorigen Friedensschlüssen getreu geblieben sind, ja vielmehr aus dem neugeschlossenen Frieden neuen Anlaß nehmen dürften, sobald sich der Bund aufgelöset hätte,

jede getrennte Macht einzeln zu überfallen und ohne son=
derliche Mühe zu erdrücken.

Je siegreicher also Ihre Waffen sind, desto mehr wer=
den Sie von Ihren Nachbaren gefürchtet, die sich also
vereinigen müssen, um den Plan der Sklaverei, womit sie
sich von Ihnen bedroht glauben, zu vereiteln. Und wenn
die vereinten Mächte auch nicht siegen sollten, so hoffen sie
doch den Krieg so lange fortsetzen zu können, bis sie Euere
Majestät erschöpft haben. Kurz, Ihre Feinde erwarten
nicht eher Sicherheit von Frankreich, als bis sie dasselbe in
den Zustand des Unvermögens, seinen Nachbarn zu schaden,
versetzt haben.

Sire! setzen Sie sich einen Augenblick an die Stelle
der Alliirten, und erwägen Sie, wohin es führt, wenn man
seinen Vortheil obenan, und die gute Sache der Gerechtig=
keit und der öffentlichen Treue hintansetzt.

Indessen, während Sie fremde Nationen bekriegen,
mögen Ihre eigenen Völker, die Sie wie Ihre eigenen
Kinder lieben sollten, und die bisher mit einer Art von
edler Leidenschaft an Ihrem Könige hingen, vor Hunger
sterben.

Der Ackerbau hat beinahe keine Hand mehr, die
ihn pflegt; die Städte und das Land entvölkern sich
je länger, je mehr; Handwerke und Künste verfallen
und können die Arbeiter nimmer ernähren; der Handels=
geist ist vernichtet; folglich haben Sie die Hälfte der
wahren Staatskräfte im Innern aufgeopfert, um im Aus=
lande Eroberungen zu machen, und die gemachten zu be=
haupten. Statt von diesem armen Volke Geld zu ziehen,

6*

sollten Sie ihm Almosen und Nahrung darreichen. Ganz Frankreich ist jetzt weiter nichts, als ein großes Spital, und das große Spital ohne Nahrungsmittel. Die Magistrats-Personen sind herabgesetzt und erschöpft; der Adel hat sein Vermögen durch Kriegsabgaben verloren und lebt nun von Staatspapieren; das Volk überläuft Sie, und fordert Brod und murret.

Und Sie sind es, Sire, Sie sind es selber, der sich diese Verlegenheit zugezogen hat! Denn, nachdem das ganze Königreich zu Grunde gerichtet worden, haben Sie Alles in Ihren Händen, und es kann Niemand mehr anders leben — als von Ihren Gaben.

Das ist aus dem großen, sonst so blühenden Reich geworden, und unter einem Könige geworden, den uns die falschen Maler täglich als die Wonne seines Volkes darstellen, und der auch in der That die Wonne seines Volkes geworden wäre, wenn ihn seine schmeichelnden Rathgeber nicht vergiftet hätten. Das Volk selber (ich muß Alles sagen), das ganz Liebe für Sie und Vertrauen auf Sie war, fängt an, die Liebe, das Vertrauen, und selbst auch die Verehrung für Sie — zu verlieren. Ihre Siege, Ihre Eroberungen sind kein Fest mehr für Ihr Volk; voll Erbitterung und Verzweiflung kann es nicht mitfeiern, vielmehr zündet nach und nach in allen Theilen des Landes der Funke des Aufruhrs, und es verbreitet sich der fürchterliche Glaube: der König fühlt kein Erbarmen mit unserem Elend, er liebt nur sein Ansehen und seinen Ruhm. Hätte der König, so sagt man sich (nicht mehr in's Ohr), hätte der König das Herz eines Vaters für sein Volk:

so würde er seinen Ruhm darein setzen, seinen Kindern Brod zu schaffen, und sie nach so vielen drückenden Lasten, unter denen sie lange genug gekeucht haben, wieder frei athmen zu lassen, statt daß er jetzt seinen Ruhm darin sucht, ein paar Grenzplätze zu behaupten, die einen neuen Krieg herbeiführen.

Sire! was sagen Sie zu diesem Urtheile? Die Bewegungen des Volkes, die in Frankreich lange Zeit unbekannt waren (diese Propheten des nahen Aufruhrs), werden immer allgemeiner; Paris selbst, so nahe bei Ihrer Person, ist nicht davon ausgenommen. Die Beamten sind gezwungen, bei den Frevelthaten der Aufwiegler ein Auge zuzudrücken, und unter der Hand Geld austheilen zu lassen, um die Schreier wieder zu beruhigen. Und so werden die, welche man strafen sollte, noch obendrein bezahlt.

Sie sind zu dem entehrenden und beweinenswerthen Nothpuncte heruntergebracht, daß sie entweder den Aufruhr ungestraft lassen und durch Straflosigkeit selber vergrößern, oder Ihre Völker durch ein unmenschliches Gemetzel hinrichten müssen, — Ihre Völker, die Sie selbst zur Verzweiflung gebracht haben, indem Sie denselben durch die erhöhten Kriegsabgaben das Brod, das sie sich im Schweiße ihres Angesichtes verdient hatten, gewaltsam vom Munde wegnahmen.

Es fehlt aber nicht nur dem Volke an Brod, es fehlt auch dem Könige an Geld. Und doch wollen Sie den äußersten Punct noch nicht sehen, auf den Sie hingeschleudert sind! Weil Sie stets glücklich waren, so können Sie den

Gedanken nicht ertragen, daß Sie einmal aufhören werden, es zu sein. Sie fürchten sich, das Auge selbst aufzuthun, und fürchten noch mehr, daß etwa ein Anderer es Ihnen öffnen möchte. Sie scheuen sich vor der Nöthigung, ein Blümchen Ihres Ruhmes welken zu sehen. Ach, dieser eitle Ruhm ist es, der Ihr Herz gefühllos macht! Der ist Ihnen lieber, als die Gerechtigkeit, lieber, als Ihre eigene Ruhe, lieber, als die Erhaltung Ihrer Völker, welche die Krankheiten, von der Hungersnoth herbeigeführt, dahinraffen, endlich lieber, als Ihr ewiges Heil, das mit diesem sündhaften Ruhme unvereinbar ist.

Sire! das ist der Zustand, in dem Sie sich befinden. Und diesen Zustand sehen Sie nicht, denn Sie leben wie Einer, der stets eine Binde vor den Augen trägt. Die kleinlichen glücklichen Tagesbegebenheiten, die nichts entscheiden, finden Sie, Ihr erster Schmeichler, wichtig, und werfen nie einen Ueberblick auf das Große, das Ganze der Begebenheiten, und dies Große, dies Ganze sinkt unmerklich, und ist in Kurzem ohne Rettung verloren.

Während Sie in einem hitzigen Gefechte das Schlachtfeld behaupten und die feindlichen Kanonen erobern, während Sie feste Plätze mit Sturm einnehmen, denken Sie nicht daran, daß der Boden, auf dem Sie kämpfen, unter Ihnen einsinkt, und daß Sie mit allen Ihren Siegen — mit versinken werden. Die ganze Welt sieht das und Niemand wagt es, Ihre Augen zu öffnen, daß Sie es auch sehen. Und doch werden Sie es noch sehen müssen, aber vielleicht zu spät!

Die wahre Tapferkeit besteht darin, daß man sich

selber nicht schmeichle, und auf der Stelle die Partei ergreife und behaupte, die gerade jetzt ergriffen und behauptet werden muß.

Sie aber, Sire! leihen willig Ihr Ohr nur denen, die Ihnen mit falschen Hoffnungen schmeicheln, und gerade die Männer, denen Sie selber die gründlichste Erkenntniß zugestehen, sind es, denen Sie am weitesten aus dem Wege gehen und vor denen Sie sich am meisten fürchten.

Sie sollten sich vielmehr an die Spitze der Wahrheit hinstellen, weil Sie — König sind; Sie sollten die Leute nöthigen, Ihnen die bittere Wahrheit ohne verzuckerte Hülle vorzulegen, und denen, die aus Furchtsamkeit zu schwach dazu sind, selber Muth einsprechen.

Davon thuen Sie aber das gerade Gegentheil, Sie thuen das Aeußerste, um nur der Sache nie auf den Grund zu kommen. Aber Gott wird den Schleier, der Ihre Augen deckt, noch heben, und Ihnen die Dinge, deren Anblick Sie sich so gern ersparen möchten, unverschleiert zeigen.

Schon lange schwebt der Arm der Gerechtigkeit über Ihrem Haupte; nur weil der Richter auch Vater ist, zögert noch sein Schlag. Er hat Mitleid mit einem Fürsten, der sein ganzes Leben lang von Schmeichlern umlagert war; und er weiß wohl, daß viele Ihrer Feinde in keiner freundlicheren Stimmung gegen Ihn selber sind. Der Heilige wird seine gerechte Sache von der Ihrigen, die es nicht ist, wohl zu sondern, wird Sie zu erniedrigen wissen, um Ihre Rückkehr zu ihm zu beschleunigen. Denn „Christ sein" — das werden Sie nie, ehe Sie sich unter der Hand des Allerhöchsten demüthigen." . . . . .

Mit Uebergehung einer Stelle, welche von den ver=
derblichen Einflüssen des despotischen Regiments Ludwigs
XIV. und der von ihm protegirten Hofgeistlichkeit auf die
kirchlichen Verhältnisse redet, wovon wir an einem anderen
Orte handeln, lassen wir noch den Schluß des Briefes
folgen.

„Frankreich liegt nun in den letzten Zügen; wollen
denn Ihre Vertrauten so lange zuwarten, und mit der
freien Sprache nicht herausrücken, bis Alles verloren ist?
Fürchten diese Leute vielleicht, Ihnen zu mißfallen? Also
haben Sie keine Liebe für S i e; denn man muß stark
genug sein, lieber durch Reden die Ungnade des Gelieb=
ten auf sich zu laden, als ihn durch Schmeicheleien einzu=
wiegen, oder durch Schweigen zu verrathen.

Zu was sind diese Ihre Freunde am Ende gut, wenn
sie Ihnen nicht begreiflich machen, daß Sie die Länder, die
Ihnen nicht gehören, zurückgeben, daß Sie das Leben Ihrer
Völker einem falschen Ruhme vorziehen, daß Sie die Uebel,
die durch Sie die Kirche erlitten hat, wieder gut machen,
daß Sie alle Sorge darauf richten müssen, noch ein wahrer
Christ zu werden, ehe Sie der Tod überrascht?

Ich weiß, daß die, welche diese Sprache der christlichen
Freiheit sprechen, Gefahr laufen, die Gunst der Könige zu
verlieren; aber sollte uns denn die Gunst der Könige
lieber sein, als das wahre Wohl der Könige?

Ich weiß, daß man Sie bedauern, trösten, erleichtern
muß, daß das Wort, das vor dem Könige ertönt, der Eifer
für seine Ehre, die Sanftmuth und den Respect nicht ver=
läugnen dürfe, aber ich weiß auch: man möge es

machen wie man wolle — am Ende muß man
Ihnen doch die Wahrheit sagen.

Wehe, wehe denen, die Ihnen die Wahrheit nicht sa=
gen, wehe Ihnen selber, wenn Sie nicht werth sind, sie zu
hören!

Es ist eine Schande, daß jene Menschen schon so
lange Ihr Vertrauen besitzen, und nichts Gutes dadurch
bewirkt haben. Es wäre hohe Zeit, sich zurückzuziehen,
wenn der König sein Mißtrauen und seine Wahrheitsscheu
nicht besiegen, sondern lauter Schmeichler um sich haben will.

Vielleicht fragen Sie, Sire! was Ihnen denn eigentlich
Ihre Vertrauten hätten sagen sollen?

Hier steht es geschrieben.

Sie sollten Ihnen sagen: „König! du mußt dich selber
erniedrigen unter die mächtige Hand Gottes, wenn du nicht
abwarten willst, bis Er dich erniedrige. König! du mußt
selber zuerst den Frieden begehren, und durch diese Art von
Erniedrigung alle Glorie, die du zu deinem Idole gemacht
hast, abbüßen. — König! du mußt die ungerechten Rath=
schläge der schmeichelnden Politiker zurückweisen. — König!
du mußt, um den Staat zu retten, deinen Feinden alle die
Eroberungen zurückgeben, die du, auch ohne diese Rücksicht,
nie anders als mit Ungerechtigkeit behalten könntest. —
König! ist es nicht ein zu großes Glück für dich, daß Gott
dem Glücke, das dich so lange verblendet hat, ein Ende
mache, und daß Er dich zwinge, jene Entschädigungen,
die zu deinem Heile wesentlich sind, zu leisten, zumal du
in den Tagen des Sieges und des Triumphes nie dazu
gekommen wärest, sie aus freiem Entschlusse festzusetzen?"

Sire! die Person, die Ihnen diese Wahrheiten sagt, ist dem höchsten Interesse ihres Königs so wenig entgegen, daß sie gern ihr Leben opfern würde, um Sie so zu sehen, wie Gott Sie haben will, und nie·, nie wird sie aufhören, für Sie zu beten."

XVI. Wirkungen des Absolutismus und der absolutistischen Centralisation.

Sie sind in dem vorstehenden Briefe Fénelon's bereits alle angedeutet und seitdem überall in vollem Maße einge= treten. Der große h. Thomas von Aquin hatte sie vier= hundert Jahre früher, indem er von dem heidnischen Abso= lutismus sprach), erkannt, und hebt insbesondere hervor, daß er „einen servilen und kleinmüthigen Geist erzeuge und den Menschen zu jeder mannhaften That unfähig mache ¹)." Da sie aber in ihrer ganzen Ausdehnung und Verderblich= keit noch immer nicht hinreichend gewürdigt werden, so scheint es gerechtfertigt, wenn wir sie hier noch kurz zu= sammenstellen.

Die absolutistische Centralisation entzieht e r s t e n s dem größten Theile der Bevölkerung jede wahre Einsicht in alle öffentlichen Angelegenheiten und Verhältnisse. Die Selbst= regierung ist eine durch alle Klassen verbreitete Schule für das bürgerlich=politische Leben. Wenn sie auch hie und da Uebelstände mit sich bringt, welche die Centralisation ver= meidet, so sind selbst diese Fehlgriffe oft Gelegenheiten irrige Ansichten zu beseitigen und reiche Erfahrungen zu sammeln.

---

1) In servilem degenerant animum et pusillanimes fiunt ad omne virile opus et strenuum. De regimine princip. Lib. I. cap. 3.

Wo diese Schule des Lebens fehlt, können nur die aller=
verkehrtesten und irrigsten Ansichten Platz greifen und Un=
wissende und Unerfahrene werden dann das große Wort
über die Staatsverhältnisse führen. An dieser Folge der
Centralisation leiden wir in unserer Zeit im höchsten Grade.
Die großen Wortführer in der Presse sind Parteimänner,
die alle Fragen nach Parteiinteressen behandeln und der
Schule des Lebens ferne stehen. Das gilt auch von unseren
politischen Versammlungen, wo nur zum kleinsten Theil
Diejenigen versammelt sind, die selbst in den Verhältnissen
leben, von denen in der Presse und in den Versammlungen
gesprochen wird. Es entsteht so dieses oberflächliche Schwätzen,
von dem die Welt wahrhaft erfüllt ist.

Die absolutistische Centralisation unterdrückt z w e i t e n s
die bürgerlichen Tugenden des öffentlichen Lebens, insbe=
sondere jene edelmüthige Opferwilligkeit, die wir in früheren
Zeiten antreffen. Mit der Selbstregierung ist es von selbst
gegeben, daß eine große Zahl von Stellen in allen Gebieten
des öffentlichen Lebens Ehrenstellungen sind, und daß die
Besten aus allen Ständen so Gelegenheit finden, auch
dem Gemeinwesen ein Opfer zu bringen. Jede Thätigkeit
aber, die auf einem freiwilligen Opfer beruht, gibt sofort
den Menschen einen höheren Werth. Die Centralisation da=
gegen bringt es mit sich, daß alle Geschäfte durch besoldete
Beamten besorgt werden; und so ehrenwerth auch der Be=
amtenstand sein mag, so kann es denn doch nicht fehlen,
daß bei solchen Verhältnissen sich auch Viele eindringen, die
nur des Lohnes wegen dienen, und nicht aus Liebe zum
wahren Wohle des Vaterlandes.

Die Centralisation raubt drittens den Klassen der Bevölkerung, die auf materiellen Erwerb angewiesen sind, jede Gelegenheit, sich auch mit höheren Interessen zu beschäftigen, und befördert dadurch einen niederen Sinn und ein unmäßiges Streben nach Genuß und Geld. Abgesehen von dem Einflusse der Religion ist gewiß eine Theilnahme an öffentlichen Geschäften und Interessen ein äußerst kräftiges Mittel, um den Menschen von eitlen, niederen, materiellen Interessen ab= und höhern Interessen zuzuwenden.

Die Centralisation zerreißt viertens alle jene zahllosen socialen Organisationen, in denen sich die Menschen zur Befriedigung ihrer Bedürfnisse vereinen und verbinden; sie isolirt und vereinzelt die Menschen, und führt dadurch nothwendig zu großen socialen Erschütterungen.

„Wie ist es doch möglich, fragt ein Franzose, daß, nachdem unsere Väter durch so große Anstrengungen und Opfer die Gleichheit unter uns hergestellt haben in der Hoffnung, durch die Gleichheit zur wahren Brüderlichkeit zu kommen, unter der Herrschaft dieser allgemeinen Gleichheit immer mehr ein wüthender Haß des einen Theiles der Bevölkerung gegen den andern sich zeigt?" Auf diese Frage nimmt Odilon Barrot, selbst ein Alt=Liberaler, keinen Anstand zu antworten: „Das Uebel kommt daher, daß unsere Gesellschaft gänzlich individualisirt ist und daß nur der Staat in ihr allein stark und lebendig ist. Diese übertriebene Centralisation ist allein die Ursache dieser Erscheinung. Wir müssen in unseren Einrichtungen von 1789 das Wort „Freiheit" wiederherstellen, welches entfernt ist und ohne welches die beiden andern Worte „Gleichheit und

Brüderlichkeit" inhaltsleere Widersprüche sind." — Später sagt er über Paris: „Paris ist ein großer Ameisenhaufen, der arbeitet, genießt, sich beluftigt, aber ohne gemeinschaft= liches Band. Man wohnt in demselben Stadttheile, in dem= selben Hause ohne alle gegenseitige Beziehung; man be= gegnet sich, ohne sich zu kennen. Nichts ist da, was die Menschen untereinander vereinigt; es fehlen dafür alle Institutionen. Man hat mit vollem Rechte gesagt, daß es ein großer Haufen Staub ist, der von einem Sturm in die Höhe getrieben, weder geleitet noch zusammengehalten werden kann, der Alles niederwirft, was sich ihm entgegen= stellt und kein anderes Gesetz hat als den Zufall [1])."

Aus diesem Grunde ist auch fünftens die Centrali= sation eine Hauptquelle der Revolution. Da die Franzosen in dieser Hinsicht überreiche Erfahrungen gesammelt haben, so wollen wir auch hierüber die merkwürdigen Worte des erwähnten Verfassers hören: „Diejenigen, welche behaupten, daß wir Franzosen durch den Leichtsinn unseres Charakters zu den Revolutionen hingerissen werden, beweisen dadurch, daß sie selbst oberflächlich und ohne Rücksicht auf die That= sachen der Geschichte urtheilen. Um sie zu widerlegen, ge= nügt es, sie an das Jahr 1789 zu erinnern. Vor diesem Zeitpuncte haben wir achthundert Jahre lang ohne Revo= lution gelebt; kommt das etwa daher, daß wir damals zufällig ernster, ruhiger und weniger leichten Sinnes waren, als wir es jetzt sind? Ich glaube im Gegentheil, daß sich unser Charakter seitdem durch alle diese schweren und

---

1) De la Centralisation et de ses effets. Paris 1861. .

traurigen Prüfungen in der Art verändert hat, daß wir jetzt
weniger leicht=, und jedenfalls weniger frohsinnig sind, als
wir es in früherer Zeit waren. Diese Erscheinung erklärt
sich vielmehr durch die Gebrechen unserer politischen und
socialen Verfassung, durch die übertriebene Ausdehnung der
öffentlichen Gewalt, durch die vollständige Desorganisirung
und Auflösung der Gesellschaft, durch das Mißverhältniß
zwischen der Thätigkeit der Staatsgewalt und der Entfal=
tung der individuellen Kräfte, mit einem Worte durch die
Centralisation."

Er entwickelt dann im Einzelnen drei Gründe, um
nachzuweisen, daß die Centralisation nothwendig zur Revo=
lution führe. Der erste Grund sei, weil sie die Regierung
mit einer unerträglichen Verantwortlichkeit belaste, während
sie alle Anderen von jeder Verantwortlichkeit entbinde,
woraus denn der Geist der Anschwärzung und der Feind=
schaft im Volke entstehe; der zweite Grund ist das Miß=
verhältniß, das sich durch die Centralisation zwischen der
Hauptstadt und den Provinzen bilde; und der dritte Grund
endlich die Schwierigkeit, welche sich jeder wahren Reform
entgegenstelle 1). Wir wollen ihn auch über den ersten Punct
selbst hören: „In der Politik ist es eine feststehende Regel,
daß mit der Gewalt auch eine entsprechende Verantwort=
lichkeit verbunden ist. In demselben Augenblicke, wo die
Gewalt einen neuen Zuwachs erlangt, ist auch mit ihr nach
der Natur der Dinge eine entsprechende gesetzliche oder

---

1) Den Hauptgrund, die eingerissene Irreligiosität, die freilich
auch zum größten Theil durch den Staatsabsolutismus verschuldet ist,
vergißt Odilon Barrot.

moralische Verantwortlichkeit verbunden. Mit der maßlosen Ausdehnung der Staatsgewalt ist daher auch sofort eine maßlose Verantwortlichkeit gegeben. Auf der andern Seite geschieht es von selbst, daß, wenn die Individuen aller Theilnahme an öffentlichen Geschäften beraubt sind, sie sich nicht nur von jeder Verantwortlichkeit entbunden halten, sondern auch jedes Bewußtsein derselben verlieren. Sie müssen dann nothwendig endlich dahin kommen, daß sie jeden Schaden, den sie erleiden, ja selbst jeden Widerspruch gegen ihre Wünsche der Staatsregierung zur Last legen. Aus dieser übertriebenen Verantwortlichkeit, die auf dem Staate lastet und aus dieser vollen Entbindung jeder Verantwortlichkeit aller Anderen, die dem Staate angehören, sind alle unsere Revolutionen hervorgegangen."

Die Centralisation zeigt aber ihre verderblichen Wirkungen noch besonders bei einem Staate mit constitutioneller Verfassung. Auch hierüber soll uns dieselbe Autorität belehren: „Die Staatsgewalt, bewaffnet mit der ganzen Macht der Centralisation, übt dann ihren Einfluß auf die Deputirten-Versammlung, um, es mag kosten was es will, die Majorität zu erlangen. Diese Centralisation wird dann das große Werkzeug der Staatsgewalt und dient ihr, diese freien Institutionen zu verderben, indem sie zugleich mit ihnen verdorben wird. Die Staatsgewalt ist dann nicht mehr ein Mittel, um mit Gerechtigkeit und billiger Unterscheidung die Kräfte des Staates zu vertheilen, sondern sie wird ausschließlich dazu verwendet, die Majorität im Parlament zu erlangen. Alle andern Interessen sind diesem Hauptinteresse untergeordnet; und da die Staatsgewalt in diesem Kampfe mit allen Mitteln ausgerüstet ist und sich nur ohnmächtige und isolirte Individuen gegenüberstehen sieht, die keine Verbindung mehr haben und ohne Unterlaß den Einflüssen der Centralisation hingegeben sind, so kann das Resultat nicht lange zweifelhaft sein." Wir brauchen dieser Schilderung der unseligen Wirkungen der mit dem Constitutionalismus verbundenen Centralisation kein Wort beizufügen. Wir sehen sie nur zu oft in dem modernen Staatswesen mit unseren Augen. Die omnipotente Staats= gewalt, verbunden mit einer politischen Partei, macht durch ihre zahllosen Werkzeuge, oft durch Anwendung schlechter Mittel die Kammern; und die so gemachten Kammern ver= mehren dann wieder die Allmacht der Staatsgewalt. Und das wird dann Volksrepräsentation genannt!

Alle diese unseligen Wirkungen der Centralisation zeigen sich in allen Staaten Europas in dem Maße, wie sie in ihnen zur Verwirklichung gekommen ist. Sie müßten aber noch um so viel verderblicher hervortreten, wenn es dem falschen Liberalismus gelingen sollte, auch die Kirche jeder Selbstständigkeit zu berauben und der Staatsgewalt dienst= bar zu machen, wie er es nach unserer früheren Darstellung mit aller Macht erstrebt. Möge daher die katholische Presse nie ermüden, diesem Goliath den Stein an die Stirne zu werfen.

XVII. Die beiden obersten Gegensätze in der Politik, die zwei politischen Heerlager der Gegenwart.

Wir können nun auch mit Sicherheit die obersten Gegensätze bezeichnen, welche die politischen Parteien der Gegenwart bilden und zwei politische Heerlager ausmachen. Bei Unterscheidung der politischen Parteien kommt es natürlich auf Grundsätze und nicht auf äußere Formen an. Das wird leider vielfach übersehen, und eine große Anzahl oberflächlicher Menschen fassen ihre politische Stellung lediglich nach Aeußerlichkeiten und Namen ohne klaren Sinn auf, nach Formen, deren Bedeutung sie nicht einmal kennen. Dagegen ist es gewiß Pflicht eines jeden Mannes, der zu einer öffentlichen Thätigkeit berufen ist, und vor Allem Pflicht jedes katholischen Blattes, sich vollkommen klar zu sein über die Grundsätze, die jetzt im politischen Leben der Völker mit einander ringen. Die so viel gebrauchten Worte „Conservativ,‟ „Liberal‟ scheinen uns insbesondere so vieldeutig zu sein, daß nur Jene dadurch befriedigt werden können zur Bezeichnung ihrer politischen Stellung, denen überhaupt zweideutige Worte lieb sind, um ihre Armseligkeit damit zuzudecken; nicht aber Jene, die es für ihre Gewissenspflicht halten, in allen Dingen, wo sie zu handeln berufen sind, nach wahren Grundsätzen zu verfahren.

Der tiefste Grund aller Dinge ist zuletzt immer Gott und alle Grundsätze hängen daher insbesondere von dem Verhältniß zu ihm ab. So haben auch die politischen Parteien ihren letzten Unterscheidungsgrund in der Auffassung von dem Verhältnisse der Weltordnung zu Gott. Hier könnten wir nun als die allgemeinste Unterscheidung der Parteien die beiden Ansichten aufstellen, von denen die Eine an das Dasein einer übernatürlichen Ordnung glaubt, die Andere sie läugnet. Wir haben aber an dieser Stelle nicht diese mehr religiöse Unterscheidung im Auge, von der wir auch schon früher gesprochen haben, sondern wir wollen die eigentlich politischen Grundsätze hier aussprechen, welche die Parteien bilden.

Diese ergeben sich nun aus der bisherigen Entwicklung mit voller Klarheit. Auf der einen Seite stehen die Anhänger der centralisirenden Staatsgewalt, auf der anderen die Anhänger der Selbstregierung. Jene wollen möglichst Alles durch die Staatsgewalt vollbringen; diese wollen den Individuen, den Gemeinden, den Familien, den Corporationen einen möglichst freien Spielraum zur Besorgung ihrer eigenen Angelegenheiten überlassen. Jene verfechten den Absolutismus, diese die wahre und ächte Freiheit.

Das sind im tiefsten Grunde die politischen Principien, die mit einander kämpfen; beide treten aber äußerlich in ganz ähnlicher Gestalt auf. Sowohl die Grundsätze des Alles beherrschenden Absolutismus, wie die des nach Selbstregierung strebenden Freiheitsstaates können sich in der monarchischen, in der constitutionellen wie in der demokratischen Verfassung geltend machen. Wer daher nur nach

7*

diefen Namen die Parteien unterſcheidet, hat von der grund=
ſätzlichen Stellung derſelben keinen Begriff und läßt ſich durch
äußeren Schein täuſchen. Die nach dem Principe abſoluter
Centraliſation eingerichteten monarchiſchen, büreaukratiſchen,
conſtitutionellen und demokratiſchen Staaten gehören viel=
mehr mit allen ihren Anhängern innig und grundſätzlich
zuſammen. Es iſt ein und derſelbe Geiſt, der in allen
dieſen Formen herrſcht, und der in der einen Form gerade
ſo ſchlecht iſt wie in der anderen. Ebenſo gehören aber
auch alle Staaten, in denen die Selbſtverwaltung durch=
geführt iſt, grundſätzlich zuſammen, ob ſie Monarchien oder
Republiken heißen. Das ſind die oberſten politiſchen Grund=
ſätze, welche die Parteien bilden.

XVIII. Der moderne Liberalismus. Absolutismus unter dem Scheine der Freiheit.

Der moderne Liberalismus steht seiner innerlichsten Natur nach ganz auf der Seite der Allregiererei und ist durchaus Geisteskind und Erbe der absolutistischen Monarchie und Büreaukratie der verflossenen Jahrhunderte. Er unterscheidet sich von diesen nur durch die äußere Gestalt, nur durch Worte, die das Gegentheil anzudeuten scheinen, nur durch die Organe, die die Gewalt handhaben, während sein eigentliches Wesen, das immer wieder durch diesen Schein durchbricht, intolerante, rücksichtslose Centralisation, Allgewalt des Staates auf Kosten der individuellen und corporativen Freiheit ist. Die Hand, welche die Zügel führt, soll nur gewechselt, der Zügel aber nur um so fester angezogen werden. Während früher die Fürsten den absolutistischen Hammer führten, mit dem seit dreihundert Jahren jede wahre deutsche Freiheit zertrümmert ist, und sich dabei „Von Gottes Gnaden" nannten, wollen jetzt Andere, die sich „Von Volkes Gnaden" nennen, denselben Hammer schwingen und das Werk, namentlich an der Kirche, fortsetzen und vollenden. Die Peitsche, die der absolute Monarch gebraucht, will jetzt der absolute angebliche Volks= repräsentant führen, nur noch schärfer.

Das ist die Zeitströmung, die uns umgibt, die aus tausend Stimmen täglich zum deutschen Volke redet und es durch falschen Schein verführt. Sie bedroht jede Selbst= ständigkeit, jede freie Selbstbestimmung, sie bedroht Haus und Kirche, sie bedroht wahrhaft alle hohen Güter der Menschheit. Es ist daher so bringend nothwendig diesem lügenhaften Liberalismus zu Leibe zu gehen, ihm seine falschen Federn von Freiheit, Volkswille u. s. w., mit denen er sich schmückt, durch die er das Werk der Verführung vollbringt, auszureißen und ihn als das, was er ist, als das Werk der Selbstsucht, dem deutschen Volke vor Augen zu stellen. Wir wollen den lügenhaften Charakter dieses modernen Liberalismus in seinen Hauptzügen darstellen.

Sein erster Charakterzug ist: der falsche, moderne Liberalismus redet viel von Freiheit; er gibt sich das An= sehen, ausschließlich Träger der Freiheit zu sein und die Mission zu haben, wahre Freiheit auf Erden zu verbreiten. Mit diesem Scheine berauscht und verführt er die Völker. Wer zu ihm hält, wird als Held der Freiheit und Freund des Volkes dargestellt; wer ihm widerspricht als Reactio= när, als eigennütziger, charakterloser Knecht der Gewalt, als Feind des Volkes. Das Alles aber ist leerer Schein und Unwahrheit. Der moderne Liberalismus kennt nicht einmal den wahren Sinn der Freiheit, ist im Grunde ihr volles Gegentheil und führt nothwendig zur Erniedrigung und zur Knechtschaft des Volkes.

Diese Täuschung bewirkt er aber durch die Verwechse=

lung der Worte „Freiheit" und „Gleichheit." Der falsche
Liberalismus kennt eigentlich nur Gleichheit und nennt
die Gleichheit — Freiheit. Das ist aber ein arger Trug!
Zwischen Freiheit und Gleichheit ist ein gar wesentlicher
Unterschied. Es gibt eine Gleichheit der Sklaven, eine
Gleichheit der Züchtlinge, eine Gleichheit der Rechtslosigkeit.
Das Volk ist nicht dann frei, wenn alle gleich unfrei sind.
Darin steckt die große Lüge des liberalen Glaubensatzes:
„Die Freiheit ist Despotismus des Gesetzes." Wenn das
Gesetz despotisch ist, dann ist die Despotie des despotischen
Gesetzes eine allgemeine, elende Knechtschaft. Das wäre
so recht eigentlich das Ideal des modernen Liberalismus,
Alles durch Gesetze zu regeln, in Alles durch Gesetze ein=
zugreifen, für Alles durch Gesetze zu sorgen, jeden Menschen
durch eine möglichst enge Zwangsjacke einzuspinnen und
dann durch ein Strafgesetz zu befehlen, daß das ganze Volk
diesen Zustand für glückselige Freiheit halten müsse! Der
moderne Liberalismus kann zwar bei seinem vielen Reden
über Freiheit nicht umhin, hie und da auch über einzelne
Rechte schöne Reden zu halten, insbesondere über solche,
die ihm zu seinem Zwecke dienen z. B. Preßfreiheit und
Vereinsfreiheit; er fällt aber unfehlbar immer wieder in
seine eigentliche Natur zurück und macht sich dann Nichts
daraus, selbst die Gewissensfreiheit aufs Tiefste zu verletzen.
In neuester Zeit ist er ja so weit gekommen, sogar durch
Gesetze in das innerste Leben der Kirche einzugreifen!

Mit diesem Charakter hat er aus Frankreich kommend,
den deutschen Boden betreten. M a i n z war die Stadt,
wo er in den Jahren 1792 und 1793 zuerst auf deutschem

Boden seinen eisernen Fuß hinsetzte. Wer die ganze Heu=
chelei des modernen Liberalismus, wie er unter dem Scheine
der Freiheit mit allen Mitteln des scheußlichsten Despotis=
mus, der schrankenlosesten Willkür, jede persönliche Frei=
heit und jedes Recht mit Füßen tritt, kennen lernen will,
der lese die kürzlich erschienene actenmäßige Darstellung
der Mainzer Geschichte in jenen Jahren[1]). Sie ist eine
wahre Ehrenrettung für das alte Mainz und seine Be=
völkerung, von der man so oft angenommen hat, als ob
sie sich dem Treiben der Jakobiner fast ungetheilt hingege=
ben hätte. Diese actenmäßige Darstellung zeigt uns da=
gegen, mit welcher treuen und muthigen Liebe die uner=
meßliche Mehrzahl aller Bewohner von Mainz ihrer christ=
lichen, deutschen Vergangenheit anhingen und wie sie dem
schrecklichsten Terrorismus, den die Jakobiner und Fran=
zosen im Namen der Freiheit gegen sie übten, den helden=
müthigsten Widerstand entgegenstellten. Seitdem ist das
freilich Alles anders geworden, und die Mainzer haben
die vier Galgen vergessen, mit denen man ihren Voreltern
die Freiheit zugebracht hat.

Der zweite Charakter des modernen Liberalismus ist:
Er redet ohne Unterlaß vom Volke und behauptet Alles
in seinem Namen zu thuen. Der Staat soll nach seiner
Lehre Darstellung der Majestät des Volkes, das Staats=
gesetz Ausdruck des Volkswillens, die Staatsgewalt Voll=

---

1) Geschichte von Mainz während der ersten französischen Occupa=
tion 1792—1793 von Karl Klein, Professor. Mainz. Verlag von
B. v. Zabern 1861.

ziehung dieſes Willens ſein. Nach ſeinem Benehmen müßte
man glauben, daß er allein auf Erden das Volk liebe, für
daſſelbe ſorge und kämpfe. Aber auch Das iſt wieder eitel
Lug und Trug. In der Wirklichkeit benutzt er nur die
ſchlechteſten Leidenſchaften im Volke, um dann das Volk
ſelbſt mit Füßen zu treten. Unter dem Scheine der Volks=
ſouveränetät macht er es zu einer willenloſen, von ihm
geleiteten und mißbrauchten Maſſe. Das Mittel aber, um
dieſes Trugſyſtem durchzuführen, ſind d i e W a h l e n. Man
läßt das Volk hie und da an einem Wahlact ſich bethei=
ligen, und dann bringt man ihm die Meinung bei,
daß deßhalb nun Alles nach ſeinem Willen geſchehe. Wir
müſſen aber dieſes Syſtem eingehender betrachten.

Wenn der moderne Liberalismus ehrlich und conſe=
quent wäre, ſo müßte er, trotz ſeiner irrigen Grundſätze,
doch das Princip der Selbſtverwaltung und Selbſtbeſtim=
mung anerkennen und dann ließe ſich wenigſtens mit ihm
noch friedlich in einem Staate nebeneinander leben. Wenn
nämlich jede Gewalt im Staate vom Volke herkömmt, ſo
ſind folglich alle die einzelnen Individuen, aus denen das
Volk beſteht, die eigentlichen perſönlichen Träger und In=
haber der Gewalt im Staate. Die Staatsgewalt, ſowohl
die geſetzgebende als die vollziehende, käme dann durch eine
Vollmachtsgebung von Seiten des Volkes zu Stande. In
dieſem Falle fordert aber Vernunft und Wahrheit, daß
dem Volke das Recht zuſtehen muß, auch eine beſchränkte
Vollmacht auszuſtellen, und daß es ihm überlaſſen bleiben
muß, das was es ſelbſt thuen kann, in ſeinem Hauſe, in
ſeiner Gemeinde, in ſeiner Heimath, auch ſelbſt zu beſorgen

und zu vollbringen. Das verträgt sich dann freilich in keiner Weise mit dem Princip der centralisirenden Staatsgewalt und es bliebe dieser nur ein beschränkter, enger, natürlicher Kreis. So versteht aber der moderne Liberalismus die Sache nicht. Dann hätte ja das Viel= regieren und die Fabrikation der Gesetze bald ein Ende. Das Volk ist ihm zwar angeblich die Quelle aller Rechte, aber nur in dem Sinne, daß es selbst möglichst wenige Rechte üben darf. Sein Recht ist vor Allem Wahlrecht, d. h. alle paar Jahre in einigen Minuten einen Namen auf den Wahlzettel zu schreiben und sich seine Zuchtmeister selbst zu wählen. Von da an sorgen diese im Namen des Volkes für Alles und was sie in Uebung ihrer Allmacht bestimmen, ist dann Volkswille, Volssouveränetät und Volksfreiheit. Welch ein Hohn auf alle Wahrheit und Wirklichkeit!

Daher kommt es denn auch, daß dieser moderne Li= beralismus auch gar nicht einmal daran denkt, das wirk= liche Volk zu vertreten. Er vertritt nun seine Partei im Volke und läßt Alles, was im Volke nicht mit der Ge= sinnung seiner Partei übereinstimmt, vollkommen außer Acht. Das sehen wir alle Tage in jenen Kammern, wo dieser falsche Liberalismus herrscht. Deßhalb ist es eine sehr große Aufgabe der katholischen Presse, ihn fortwährend an seinen Ursprung und an seine Grundsätze zu erinnern und ihn zu zwingen, nicht bloß Zeitungsmeinungen, Parteiinteressen, Collegienhefte zu vertreten, sondern das wirkliche Volk, wie es da im Lande herum leibt und lebt,

und seinen Ansichten, seinen Wünschen, seinen Bedürfnissen,
seinem Glauben und Gewissen Rechnung zu tragen.

Der dritte Charakter des modernen falschen Liberalis=
mus ist seine Gottlosigkeit, sein Haß insbesondere gegen
das positive Christenthum, namentlich gegen die katholische
Kirche und Alle, die ihr treu anhängen. Er ist von na=
menlosem Respect erfüllt vor jeder ungläubigen Zeitrich=
tung, von namenlosem Abscheu vor Allem, was ächt und
wahrhaft christlich ist. In den Versammlungen, wo der
moderne Liberalismus herrscht, darf ein positiv christliches
Wort gar nicht mehr ausgesprochen werden. Mir ist ein
Land bekannt, wo ein gutes, treues, christliches Volk in
allen Thälern und in allen Gauen wohnt, wo, wenn man
die Herzen des ganzen Volkes prüfen könnte, auf zehn Un=
gläubige immer neunzig treue, wahre Christen treffen
würden, und wo dennoch in den Kammern das, was in
allen diesen christlichen Herzen lebt und webt, nicht ausge=
sprochen werden darf, ohne allgemeinen Hohn hervorzuru=
fen. Das nennt der moderne Liberalismus Volksver=
tretung!

Gegen diesen Absolutismus unter dem Scheine der
Freiheit, gegen diesen Lügenliberalismus sollten nun katho=
lische Männer auf allen Gebieten ohne Unterlaß kämpfen.
Er ist rücksichtsloser und schlimmer, als irgend ein anderer
Absolutismus es je gewesen ist. In Frankreich wächst,
Gott Dank, die Zahl seiner Gegner in den verschiedensten
Parteien, unter den Katholiken und Protestanten. In
Deutschland sind es insbesondere die „Historisch=politischen
Blätter," die schon so lange gegen ihn gekämpft haben,

und in Norddeutschland hat er mächtige und begeisterte Gegner. In Mitteldeutschland dagegen führt er noch das Scepter und in Preußen möchte er es an sich reißen. Möchte es ihm nicht gelingen; möchte vielmehr allerwärts der deutsche, der christliche Geist diesen falschen fremden Liberalismus überwinden, die wahre deutsche Freiheit neu begründen.

XIX. Der Rechtsstaat.

Der falsche moderne Liberalismus hat den Sinn der Worte so entstellt, daß selbst dieses Wort nicht mehr genügt, um sich vor der centralisirenden Staatsgewalt zu schützen; wir müssen vielmehr sofort unterscheiden zwischen dem absolutistischen Rechtsstaat und dem auf Freiheit und Selbstregierung gegründeten. Jener kennt nur einen Bestandtheil des wahren Rechtsstaates, der dagegen erst in seinem Gesammtbegriff ein wahres hohes Gut ist.

Zum Rechtsstaat gehört erstens ein Schutz für jedes Recht, ein Gericht über jede Rechtsverletzung, mag sie von der Staatsgewalt oder von einem Privaten ausgehen. Der Polizeistaat steht ihm entgegen. Der Absolutismus der vorigen Jahrhunderte hat diesen Rechtszustand tief verletzt. Die Bourbonen errichteten Hofgerichte, um die Thätigkeit der allgemeinen Gerichte zu beeinträchtigen [1]; Friedrich der Große ließ den Sendboten des Reichsgerichtes

---

1) Tocqueville Chap. II.

vor die Thüre werfen. In dieser Hinsicht ist der mo=
derne liberale Absolutismus besser wie der monarchische.
Die katholische Presse sollte diese Forderung mit allen
ihren Kräften unterstützen und deßhalb auch für die Grün=
dung eines Reichsgerichtes eintreten, denn nur dann
wird das Recht in Deutschland wieder seinen letzten und
höchsten Abschluß finden. Daburch werden auch die Ver=
waltungsbeamten, die sich durch den früheren Büreaukra=
tismus nur zu sehr daran gewöhnt haben, überall den
Maßstab ihrer Nützlichkeitsgedanken anzuwenden, genöthigt
werden, jeden einzelnen Fall nach Rechtsgrundsätzen zu
beurtheilen.

Zum Rechtsstaate gehört zweitens ein unabhängi=
ger, gerechter Richter. Nur unter dieser Voraussetzung
hat der Rechtsspruch seinen Werth. Der Rechtsspruch soll
von den Menschen · gewissermaßen als unfehlbar angesehen
werden können. Der Richterstand ist ein hoher, erhabener,
wahrhaft ehrwürdiger Stand. Es ist eine Art heiligen Prie=
sterthums, das Recht auszusprechen. Um so tiefer ist das
Verderben, wenn abhängige, parteiische, gewissenlose Richter
Recht sprechen. Gerechte Gesinnung ist aber unmöglich ohne
Sittlichkeit; Sittlichkeit aber unmöglich ohne Gottesfurcht.
Unabhängigkeit, Unparteilichkeit ist unmöglich, wenn man
selbst durch und durch Partei ist.

Zum Rechtsstaat gehört drittens ein gerechtes Maß,
nach dem gemessen wird, ein gerechtes Gesetz, nach dem
geurtheilt wird. Das Gericht ist ja nur die Anwendung
des Gesetzes auf einen gegebenen Fall; und daher kann
von einem Rechtsstaate nimmermehr die Rede sein, wenn

das Gesetz selbst nicht mehr Ausdruck des Rechtes ist. Das kann nun freilich der moderne Liberalismus nicht erkennen, denn er macht ja das Gesetz mit seinen „Factoren der Gesetzgebung" und was er macht ist Recht. Er kennt keine falsche Elle, kein falsches Maß, kein ungerechtes Gesetz, denn in ihm liegt ja der alleinige Maßstab für alles Gute und Rechte. Es ist mir unbegreiflich, wie man denn so viel Wesens von der Herrlichkeit des Gesetzes und der Herrschaft des Gesetzes machen kann, wenn es eben nichts Anderes ist, als das Product dieser paar Menschenköpfe, die da mit einander berathen haben; und noch unbegreiflicher ist es, daß das Volk einem solchen Gesetze irgend welche Achtung erweisen soll. Der Rechtsstaat des Unglaubens ist ein eitler Popanz. Ganz anders aber ist es, wenn es eine ewige, unveränderliche Norm für alles Recht in Gottes heiligem Willen gibt, und wenn dann das menschliche Recht der getreue Ausdruck dieses göttlichen Willens ist, so weit es den Menschen möglich, ihn zu finden. Dann hat das Gesetz seinen Grund in Gott; dann ist die Befolgung desselben eine Sache des Gewissens, dann ist die Verachtung des Gesetzes eine Verachtung der Wahrheit und des göttlichen Willens. Man sieht auch hier, wie die Läugnung einer übernatürlichen Ordnung auf allen Gebieten Alles in Frage stellt.

Wie überlegen und erhaben dagegen die Anschauung der katholischen Kirche ist über den Ursprung und die Würde des Gesetzes, das soll uns hier noch zum Schlusse der h. Thomas mit einigen Sätzen sagen:

I. „Die Gemeinschaft aller Menschen auf Erden wird von dem göttlichen Verstande gelenkt und geleitet, und darum bildet der in Gott, dem Herrn des Weltalls, existirende Weltplan ein Gesetz, welches, da Gott Nichts in zeitlicher, sondern Alles in ewiger Weise erkennt, das ewige Gesetz heißt [1])."

„Dem ewigen Gesetze ist Alles unterworfen, was in den von Gott geschaffenen Dingen sich findet, sei es zufällig oder nothwendig; was dagegen zur göttlichen Natur und Wesenheit gehört, ist dem göttlichen Gesetze nicht unterthan, sondern ist an sich selbst das ewige Gesetz [2])."

„Gott prägt der ganzen Natur die ihrer mannigfaltigen Wirksamkeit zu Grunde liegenden Principien ein und in diesem Sinne sagt man: Gott gebietet der ganzen Natur, nach dem Worte des Psalmisten: „Er hat ein Gebot gegeben, und es wird nicht vergehen." Deßhalb ist jede Bewegung und Lebensäußerung dem ewigen Gesetze unterworfen [3])."

„Niemand kann das ewige Gesetz, wie es in sich selbst ist, erkennen, als Gott allein und die seligen Geister, welche Gott durch seine Wesenheit schauen; aber jede vernünftige Creatur erkennt es nach dem helleren oder schwächeren Abglanz desselben, denn jede Erkenntniß der Wahrheit ist eine gewisse Ausstrahlung und eine Mittheilung (irradiatio et participatio) des ewigen Gesetzes [4])."

---

1) Summa Theologica Prima secundae q. 91. art. 1.
2) Ibid. q. 93. art. 4.
3) Ibid. q. 93. art. 5.
4) Ibid. q. 93. art. 2.

II. „Das Licht der natürlichen Vernunft, wodurch wir unterscheiden, was gut und bös ist — das Naturgesetz — ist nichts Anderes als die Einstrahlung des göttlichen Lichtes in uns. Darum ist offenbar das Naturgesetz nichts Anderes als die in der vernünftigen Creatur statthabende Theilnahme am ewigen Gesetz [1]."

„Das erste Gebot des Gesetzes ist: Das Gute muß man vollbringen und anstreben und das Böse meiden; und darauf beruhen alle Gebote des Naturgesetzes [2]."

„Das Naturgesetz hat rücksichtlich der allgemeinen Grundsätze bei Allen dieselbe [objective] Richtigkeit und [subjective] Klarheit [3]."

„In seinen obersten Grundsätzen ist das Naturgesetz ganz und gar unveränderlich [4]."

„Bezüglich der allgemeinen Grundsätze kann das Natur= gesetz in keiner Weise aus den Herzen der Menschen getilgt werden [5]."

III. „Das Gesetz ist ein Gebot der praktischen Ver= nunft. Wie nun die speculative Vernunft aus den unbe= weisbaren, von Natur uns bekannten Principien die Folge= sätze in den verschiedenen Wissenschaften zieht, die uns nicht schon von Natur bekannt sind, sondern erst durch die Thätig= keit der Vernunft ans Tageslicht gefördert werden: so muß

---

1) Prima secundae q. 91. art. 2.
2) Ibid. q. 94. art. 2.
3) Ibid. q. 94. art. 4.
4) Ibid. q. 94. art. 5.
5) Ibid. q. 94. art. 6.

auch die praktische Vernunft aus den Geboten des Naturge=
setzes, als allgemeinen und unbeweisbaren Grundsätzen, zu
specielleren Anordnungen vorwärts schreiten; und diese nach
der Einsicht der Vernunft noch weiter sich ergebenden Ge=
setze heißen m e n s c h l i c h e G e s e t z e ¹).

„Ein Gesetz hat insofern Giltigkeit, als es die Ge=
rechtigkeit für sich hat. In menschlichen Dingen nennt man
aber gerecht, was recht ist nach dem Maßstabe der Vernunft.
Das Normalmaß für die Vernunft ist aber das Naturgesetz.
Also hat jedes von Seiten der Menschen erlassene Gesetz
nur insofern Anspruch auf Giltigkeit, als es von dem Na=
turgesetz abgeleitet ist. Steht es aber irgendwie mit dem
Naturgesetze in Widerspruch, so ist es schon kein Gesetz mehr,
sondern Störung des Gesetzes ²).“

„Alle Gesetze, insofern die Vernunft wirklich für sie
spricht, sind von dem ewigen Gesetze abgeleitet und deßhalb
sagt Augustinus: „Im zeitlichen Gesetz ist Nichts recht und
gesetzmäßig, was sich die Menschen nicht aus dem ewigen
Gesetze abgeleitet haben ³).“

„Das Gesetz muß sittlicher Natur, gerecht, ausführbar,
naturgemäß, den vaterländischen Gewohnheiten, Ort und
Zeit entsprechend, nothwendig, nützlich, auch klar, nicht aus
Privatinteresse, sondern zum gemeinsamen Nutzen und From=
men der Bürger verfaßt sein ⁴).“

---

1) Prima secundae q. 91. art. 3.
2) Ibid. q. 95. art. 2.
3) Ibid. q. 93. art. 3.
4) Ex Isidori lib. 5. Etym. c. 21. Ibid. q. 95. art. 3.

„Das menschliche Gesetz wird für das ganze Volk gegeben, wovon die Mehrzahl in der Tugend nicht voll= kommen ist. Deßhalb werden durch das menschliche Gesetz nicht alle Laster verboten, vor denen sich Tugendhafte hüten, sondern bloß die schwereren, vor denen es möglich ist, daß sich die Mehrzahl hüte. Darum kann auch das menschliche Gesetz nicht Alles verbieten, was das Naturgesetz verbietet 1)."

„Werden Gesetze viel abgeändert, so wird dadurch ihre Kraft geschwächt, insofern damit die Aufhebung einer Gewohnheit verbunden ist. In der Gewohnheit liegt nämlich die Hauptkraft für die Beobachtung der Gesetze. Darum soll das Gesetz nie abgeändert werden, außer wenn der Gewinn für das Gemeinwohl auf der einen Seite eben so groß ist, als der auf der andern Seite erwachsende Nach= theil. Dieser Fall tritt aber ein, entweder weil ein ganz bedeu= tender und evidenter Nutzen aus dem neuen Statut erwächst, oder das größte Bedürfniß vorhanden ist, oder weil das alte Gesetz entweder eine offenbare Unbilligkeit enthält, oder dessen Beobachtung meistentheils nachtheilige Folgen hat 2)."

„Die Gewohnheit kann Gesetze statuiren, derogiren und interpretiren 3)."

„Wer eine Gemeinschaft zu regieren hat, hat die Voll= macht in menschlichen Gesetzen zu dispensiren, die von seiner Autorität abhängen 4)."

---

1) **Prima secundae q. 96. art. 2.**
2) **Ibid. q. 97. art. 2.**
3) **Ibid. q. 97. art. 3.**
4) **Ibid. q. 97. art. 4.**

XX. Die zwei Grundformen aller Staatsverfassungen: Ständische Verfassung — Constitutionalismus.

Wie wir oben sahen, ist der Unterschied zwischen Con=
stitutionalismus und ständischer Verfassung vorwiegend ein
formeller und nicht ein grundsätzlicher. Wir können es daher
nur als eine Oberflächlichkeit ansehen, wenn die Anhänger
der einen oder der anderen Verfassungsform von diesem
Standpunkte aus ihre politische Parteistellung einnehmen.

Es gibt zwar eine Deutung des Constitutionalismus,
die jeder Christ ohne Weiteres verwerfen muß, nämlich in
dem Sinne jener Volkssouveränetät, die den Willen der
Menschen und nicht den Willen Gottes als die einzige Quelle
aller Gewalt und aller Rechte betrachtet. Wir verkennen
auch nicht, daß der Constitutionalismus vorwiegend dieser
grundfalschen Vorstellung seinen Ursprung verdankt und
durch sie seine meisten Mitglieder zählt. Diese Auffassung
liegt aber durchaus nicht in dem Wesen des Constitutiona=
lismus und es ist unbestreitbar, daß der gläubige Christ
sich aller Formen des constitutionellen Lebens bedienen kann,
ohne im Entferntesten seinen Grundsätzen Etwas zu vergeben.

Ich glaube daher, daß in unserer Zeit die katholische
Presse die Frage zwischen dem Constitutionalismus und der

ständischen Verfassung als eine s. g. offene Frage behandeln
und ihre Spalten beiden Anschauungen zu einer fried=
lichen Entwickelung eröffnen sollte. Dagegen erkenne ich
vollkommen an, daß zwischen beiden ein wichtiger Unter=
schied besteht, der nicht verschwiegen werden darf und in
einem politischen Blatte vielmehr oft behandelt werden
muß. Ich läugne auch nicht, daß ich die ständische
Verfassung dem Constitutionalismus vorziehe und will
dafür meine Gründe angeben.

Im Allgemeinen bestehen zwei Grundformen, nach denen
die Staatsverfassungen eingerichtet werden können, die
mechanische und die organische. Wir finden für beide
das entsprechende Vorbild in der Natur, die ja so vielfach
die höchsten Wahrheiten in herrlichen Bildern uns abspiegelt.

Die erste Grundform, in der wir in der Natur die
Einzeldinge verbunden sehen, ist die mechanische. Hier wirkt
die bindende Kraft nur äußerlich. Sie gestaltet die ein=
zelnen Dinge, die sie ergreift, nicht innerlich zur Einheit
um, sondern verbindet sie nur nach vorübergehenden Nütz=
lichkeitszwecken. Sie bewegt die Gegenstände durch eine
äußere Kraft, nicht durch ein inneres Leben. Nach dieser
Grundform hat sich der Bureaukratismus und ebenso der
Constitutionalismus ausgebildet. Viele Individuen, die sonst
im Leben nur den allgemeinsten Zusammenhang haben, daß
sie an einem Orte zusammenleben, und nur die ganz
äußerliche Aehnlichkeit, die durch den Vermögensunter=
schied begründet wird, treten für den Wahlact zusammen,
um dann wieder sofort aus einander zu gehen. Auch zwi=
schen dem Gewählten und den Wählern kann hier gar

keine Verbindung bestehen. Der Gewählte kann nur Eine Partei vertreten, während seine Wähler alle Parteien im Volke vertreten, die nur denkbar sind. Ein lebendiges, inneres, grundsätzliches Band zwischen Deputirten und Volk kann da nicht stattfinden. Das Volk versteht nur zu oft seine Deputirten nicht, wenn sie nicht gerade die Sprache der Leidenschaft reden oder es durch gemeine Interessen gewinnen, oder gar durch Geld bestechen. Daraus entsteht denn der wundeste Fleck am ganzen Constitutionalismus, nämlich die Wahlumtriebe. Auch hier ist Princip und Wirklichkeit im schreiendsten Widerspruch. Der ganze Constitutionalismus leitet nämlich seine Berechtigung aus dem Gedanken der Volksvertretung ab. Diese würde aber nur stattfinden, wenn die Wahl das Resultat einer ruhigen, besonnenen, grundsätzlichen Ueberlegung wäre, während sie in Wirklichkeit so oft das Resultat der Aufregung aller Leidenschaften im Volke, der Anwendung der unmoralischsten Mittel, des Mißbrauches der Gewalt, des Eigennutzes ist.

Die zweite Grundform, in der wir in der Natur die Einzeldinge verbunden sehen, ist die Verbindung im organischen Leben. In der Natur stehen die organischen Verbindungen höher als die mechanischen; und eine Staatsverfassung, die sich diesem Vorbilde einigermaßen anschließt, wird daher ohne Zweifel höher stehen, als jene, welche mit dem maschinenartigen Mechanismus verwandt ist. Der natürliche Organismus wirkt innerlich, lebendig; er schließt zwischen den Theilen eine Lebensgemeinschaft, ein inneres Lebensband; die so gestalteten Organe schließen sich wieder höheren Organismen lebendig an bis zur höchsten organischen Form, die alle Theile in dem Einen Individuum zusammenfaßt. So lebt in ihm Alles und bewegt sich durch ein inneres Lebensprincip, in ihm ist Alles freie Selbstbestimmung, freie Selbstregierung, mit der das einzelne Glied sich an das Ganze hingibt. Die Thätigkeit des Einzelgliedes hört nur da auf, wo es zur Erreichung seines Zweckes der Hülfe des höheren Gliedes bedarf.

Es scheint mir nun, daß die auf Stände und Corporationen gegründete Verfassung diesem Vorbilde mehr entspricht und wahre Selbstregierung, wie wahre Vertretung mehr ermöglicht. Die Stände und Corporationen scheinen mir die Eigenschaft lebendiger Körper und aus der Natur der Dinge gestalteter Organismen zu haben, deren Verbindung nicht auf bloß äußerlichen, vorübergehenden Zufälligkeiten, sondern auf der Natur der Dinge und ihren inneren Gesetzen beruht. Ich glaube daher ferner, daß die ständische Verfassung wahre Interessenvertretung ist, d. h. Vertretung wirklicher, allgemeiner, im Volke vorhandener Interessen, während mir die constitutionelle Verfassung nur eine Parteivertretung oder gar lediglich persönliche Interessenvertretung zu sein scheint. Der Absolutismus aber, ebenso wie der Egoismus in den Ständen selbst — denn das ist die Gefahr der Stände — hat die Entwickelung und Fortbildung des ständischen Wesens seit dreihundert Jahren vollständig unterbrochen, so daß jetzt freilich für eine ständische Verfassung ganz andere Formen als im Mittelalter nöthig wären. Wie ganz anders aber würden die Interessen des Handwerkerstandes, des Kaufmannsstandes, des Gelehrtenstandes, des Adels, des geistlichen Standes,

des Beamtenstandes vertreten werden, wenn sie als große durchgebildete Körperschaften sich selbst vertreten könnten, als jetzt, wo jeder Abgeordnete eigentlich Alles in Allem vertreten muß!

———

XXI. Germanismus und Romanismus.

Mit diesen Worten wird jetzt in der Presse ein heil=
loses Spiel getrieben, und es ist daher gewiß Aufgabe
der katholischen Presse, auch dagegen aufzutreten.

Einige suchen den Gegensatz zwischen „germanisch" und
„romanisch" in dem Gegensatz zwischen Freiheit und Auto=
rität. Das ist offenbar willkührlich. Freiheit und wahre
Autorität sind keine Gegensätze, vielmehr bedingen sie sich
gegenseitig, so daß keine wahre Freiheit ohne Autorität
denkbar ist. Wenn ein entschiedener Freiheitssinn ohne
Zweifel ein hervorragender Zug der Deutschen war, so
konnte er sich doch in dem Umfange, wie er unter den
deutschen Völkern bestand, nur geltend machen, weil nicht
minder stark bei ihnen die Autorität der Sitte und die
Autorität des hergebrachten Rechtes begründet war.

Andere setzen diesen Unterschied in den zwischen Pro=
testantismus und Katholicismus. Dieser Irrthum
ist mit dem vorigen verwandt, und steht mit der Geschichte
im schreiendsten Widerspruch. Unsere deutschen Voreltern
haben sich nicht dem Protestantismus, sondern der katho=
lischen Kirche mit der ganzen Kraft ihrer Natur hingegeben,

und erst seit wenigen Jahrhunderten hat sich ein Theil des deutschen Volkes von der Mutterkirche abgewendet. Bis dahin ist es Niemanden eingefallen, einen Widerstreit zwischen den Grundsätzen der katholischen Kirche und dem deutschen Wesen zu behaupten. Solche Ansichten, die so sehr der Geschichte widerstreiten, können nur aus dem einseitigsten Parteiinteresse entspringen.

Andere nennen „Germanisch" einen schrankenlosen Subjectivismus, der in seinem Uebermuthe Alles niederreißt und zerstört, was den Menschen je ehrwürdig und heilig gewesen ist.

Noch Andere endlich scheuen sich nicht, überhaupt Alles „Germanisch" zu nennen, was ihnen als Mittel zu ihrem Zwecke dient. Wo sie einen Verein gründen, wo sie ein Unternehmen beschützen, selbst bis zu unseren Turn- und Gesangvereinen herab, nehmen sie keinen Anstand, das Alles als urgermanische Kundgebungen zu bezeichnen. In ihren Händen ist dieses Wort ein Mittel der Verführung unserer Jünglinge, die dann glauben, durch solche Spielereien ihren großen Voreltern ähnlich zu sein. Den Begriff zu dieser Wortbestimmung nehmen diese Menschen nicht vom deutschen Volke, sondern aus ihrem eigenen, oft sehr armseligen Bewußtsein. Sie selbst sind die Urtypen dieses Germanismus.

Nicht minder verwerflich ist jener falsche Nationalhochmuth, jene bornirte Deutschthümelei, die mit Verachtung auf die romanischen Völker herabblickt, deren Vorzüge und Leistungen sie verkennt, wie sie auch keine Ahnung davon hat, daß unsere ganze abendländische Cultur und Geschichte wie auf dem Christenthume, so auf der gegenseitigen Berührung und Durchdringung germanischer und romanischer Elemente beruht. Allerdings gibt es jedoch auf socialem und politischem Gebiete einen Gegensatz, den wir in einem richtigen Sinne etwa mit dem Ausdrucke „Romanismus" und „Germanismus" belegen können. Wenn wir nämlich den antiken römischen Staat betrachten, wie er sich hauptsächlich unter den Kaisern ausgebildet hatte, und ihn mit dem christlich germanischen Staatswesen des Mittelalters vergleichen, so finden wir in ihnen:

Erstens den Gegensatz zwischen Selbstregierung und Centralisation. Alle germanischen Völker waren von dem Gedanken der Selbstregierung erfüllt und richteten darnach ihr ganzes Staatswesen ein. Wir finden keine germanische Institution, die nicht von diesem Geiste erfüllt gewesen. Der centralisirende Absolutismus dagegen taucht in der deutschen Geschichte, wenn wir von den Bestrebungen der Hohenstaufen absehen, die ihre Richtung jedoch auch aus derselben Quelle geschöpft haben, eben da auf, wo römisches Wesen, römische Institutionen, die römisch-heidnische Staatsidee sich zu verbreiten anfing.

Zweitens besteht dieser Gegensatz in dem im vorigen Kapitel Besprochenen, zwischen organischen und mechanischen Staatseinrichtungen. Die Grundform für alle socialen und politischen Gestaltungen des deutschen Wesens war immer die Familie, die Blutsverwandtschaft, die Sippe, dann ihr nachgebildet die Innungen, die Stände; während das romanische Wesen mehr dem Formalen, dem Mechanischen huldigte. In dieser Hinsicht gehört auch die Ständeverfassung wesentlich dem deutschen Geiste, der mechanische Constitutionalismus mehr dem romani= schen an.

Möge zum Schluß hier noch das schöne Bild einen Platz finden, welches uns der römische Schriftsteller Taci= tus von unsern Voreltern entworfen hat. Mag es auch, um es den entarteten Römern entgegenzustellen, mit etwas einseitiger Vorliebe geschildert sein, so können wir doch nicht zweifeln, daß es im Wesentlichen wahr und treu ist. Er hebt insbesondere folgende Züge hervor:

Die Germanen waren ein gottesfürchtiges Volk. Eine Strafe duldeten sie nur von den Priestern, weil sie darin Gottes Willen sich zu unterwerfen glaubten[1]. Ebenso be= obachteten sie bei ihren Versammlungen Ordnung und Still= schweigen nur unter der Leitung der Priester[2]. Wir sehen hier schon in dem Geiste unserer Voreltern den wahren Grund des Gehorsams und der Autorität auf Gott bezogen. Wenn sie schon ihren heidnischen Priestern gehorchten, wie Tacitus sagt, velut Deo imperante, dann mußte es ihnen um so viel leichter werden, den Gehorsam zu verstehen, von dem das Christenthum redet: „Sicut Christo[3], ut servi

---

1) Ceterum neque animadvertere, neque vincire, ne verberare quidem nisi sacerdotibus permissum: non quasi in poenam, nec du= cis jussu, sed velut Deo imperante. Taciti Germania.

2) Silentium per sacerdotes imperatur. Ibid

3) Ephes. 6, 5.

Christi[1]), propter Deum[2]), sicut servi Dei[3]); wie Christo,
als Diener Christi, wegen Gott, als Diener Gottes. Die
unselige Vorstellung, als ob jeder Gehorsam ein bloßer
Menschendienst sei, war ihnen also vollständig fremd.
Sie hielten mehr auf gute Sitten als auf Gesetze[4]).
Wieder ein merkwürdiger Gegensatz zu unserer Zeit. Den
Werth „der Factoren der Gesetzgebung" kannten sie noch
nicht.

Andere verführen und sich selbst verführen lassen, wird
nicht als Weltsitte bei ihnen entschuldigt. Niemand lacht
unter ihnen über die Laster[5]). Welch ein herrliches Zeugniß
für unsere Voreltern! Wenn man so viele Blätter liest,
die nur von Mittheilung der Laster leben und dadurch
unterhalten, kann man sich des Gedankens kaum erwehren,
daß ein großer Theil der Mitarbeiter derselben nicht von
deutschem Blute abstammt, sondern mit fremder Unsittlich=
keit unser Volk verdirbt.

Die Keuschheit war ein charakteristischer Grundzug des
deutschen Wesens. Ihr Leben bewegte sich in den Schran=
ken sittsamer Ehrbarkeit. Sie duldeten keine zuchtlosen
Schauspiele und Tischgelage und kannten keinen geheimen
unehrbaren Briefwechsel[6]). Ehrlose Jungfrauen trifft allge=

---

1) Ephes. 6, 6.
2) I Petri 2, 13.
3) I Petri 2, 16.
4) Plus ibi boni mores valent, quam alibi bonae leges.
5) Nec, corrumpere et corrumpi, seculum vocatur. Nemo illic vitia ridet.
6) Ergo septa pudicitia agunt, nullis spectaculorum illecebris,

meine Verachtung, so daß sie weder durch Schönheit, noch
Jugend noch Reichthum einen Gatten finden können 1). Die
Jünglinge leben sittenrein und bewahren sich vor entner=
vender Ausschweifung. Auch die Jungfrauen eilen nicht
zur Heirath und leben in derselben reinen Jugendfrische.
So treten sie in die Ehe und diesen sittlich reinen Ehen
entspricht die Kraft und Gesundheit der Kinder 2).

Insbesondere wird auch die Ehe heilig unter ihnen
gehalten. Der Ehebruch ist eine große Seltenheit. Die
Ehebrecherin wird mit abgeschnittenen Haaren aus dem
Hause und mit der Ruthe aus dem Orte getrieben 3). In
manchen Gegenden besteht der Gebrauch, daß die Frauen
nur Einmal heirathen, die Wittwen aber nicht mehr in eine
zweite Ehe treten. Sie wählen in der Art ihren Mann,
als ob sie mit ihm zu Einem Körper und Einem Leben ver=
bunden würden 4). Der Zahl der Kinder ein Ziel zu

---

nullis conviviorum irritationibus corruptae. Litterarum scoreta viri
pariter ac feminae ignorant.

1) Publicatae pudicitiae nulla venia; non forma, non aetate, non
opibus maritum invenerit.

2) Sera juvenum venus eoque inexhausta pubertas; nec virgines
festinantur; eadem juventa, similis proceritas; pares validaeque mi-
scentur, ac robora parentum liberi referunt.

3) Paucissima . . . adulteria, quorum poena praesens et maritis
permissa: accisis crinibus nudatam coram propinquis expellit domo
maritus ac per omnem vicum verbere agit.

4) Melius quidem adhuc eae civitates, in quibus tantum virgines
nubunt, et cum spe votoque uxoris semel transigitur. Sic unum ac-
cipiunt maritum, quomodo unum corpus unamque vitam.

ſeßen, ober die Geborenen zu tödten, wird als ein ſchänd=
liches Verbrechen angeſehen [1].

Das Familienband wird bei ihnen beſonders heilig
gehalten. Die Kinder der Schweſtern ehrt und liebt der
Oheim ebenſo wie der Vater. Je größer die Zahl der
Verwandten, deſto ſorgſamere Pflege findet das Alter [2].
Im Kampfe finden ſie ſich nicht zufällig zuſammen, ſondern
die Familien und die Verwandten ſtehen da vereinigt, die
Weiber und Kinder ſind dann in ihrer Nähe. Sie ſind
ihnen die heiligſten Zeugen des Kampfes und ihr Lob iſt
ihnen das werthvollſte. Ihren Müttern und Weibern zeigen
ſie ihre Wunden und dieſe erſchrecken nicht beim Anblick der=
ſelben [3]. Sie theilen mit einander die Freundſchaft und
Feindſchaft der Eltern und Verwandten; in der Feind=
ſchaft aber ſind ſie nicht unverſöhnlich [4].

Das Volk iſt nicht verſchlagen, nicht tückiſch und ſpricht
ſelbſt die Geheimniſſe des Herzens in heiterer Geſellſchaft aus [5].

---

1) Numerum liberorum finire aut quemquam ex adgnatis necare,
flagitium habetur.

2) Sororum filiis idem apud avunculum, qui apud patrem ho-
nor. .... Quo major affinium numerus, tanto gratiosior senectus.

3) Non casus nec fortuita conglobatio turmam aut cuneum fa-
cit, sed familiae et propinquitates: et in proximo pignora, unde fe-
minarum ululatus audiri, unde vagitus infantium: hi cuique sanctis-
simi testes, hi maximi laudatores. Ad matres, ad conjuges vulnera
ferunt: nec illae numerare aut exigere plagas pavent.

4) Suscipere tam inimicitias seu patris seu propinqui, quam
amicitias necesse est: nec implacabiles durant.

5) Gens non astuta nec callida, aperit adhuc secreta pectoris
licentia joci.

Sie halten nichts auf glänzende Todtenfeierlichkeiten und verachten kostbare Monumente. Sie hören bald auf zu weinen und zu jammern, bewahren aber den Schmerz und die Trauer um den Todten um so treuer im Herzen[1]. Wenn wir diese Grundzüge des deutschen Charakters, wie Tacitus sie uns beschreibt, vor Augen haben, so können wir wohl begreifen, wie Gott ein so herrliches, sittenreines Volk sich auserwählte, um es zum Träger des Christenthumes zu machen. Alle diese Tugenden des deutschen Charakters hat das Christenthum geheiligt und befestigt und daraus ist denn hervorgegangen das, was wir als das eigentlich germanische Wesen ehren und lieben. Wir finden dasselbe auch überall dort wieder, wo sich im deutschen Volke noch Gottesfurcht und christlicher Glaube erhalten hat. Diesem Germanismus stand aber zur Zeit des Tacitus ein entsittlichtes Römerthum gegenüber und auch von diesem finden wir überall die Spuren in den Ausgeburten einer entarteten Civilisation. Eben diese entartete Sittenlosigkeit und dieser entfesselte Unglaube wagt es aber jetzt vielfach, sich als einen Repräsentanten des deutschen Wesens auszugeben, und gegen diese schmachvolle Beschimpfung unseres ganzen deutschen Volkstammes müssen wir mit aller Entschiedenheit protestiren. Der Materialismus, der Unglaube, die freche Sittenlosigkeit, die Empörung gegen alles Heilige

---

1) Funerum nulla ambitio . . . Monumentorum arduum et operosum honorem, ut gravem defunctis, adspernantur. Lamenta et lacrymas cito, dolorem et tristitiam tarde ponunt.

und gegen jede Gewalt, die Läugnung jeder übernatürlichen Ordnung, die im Großen getriebene Verlockung und Verführung der Jugend, die ganze unsittliche Presse, die mit ihren frivolen Erzeugnissen in alle Häuser bringt, das ganze Freigemeindlerwesen, das alle seichten, ungläubigen und niedrigen Richtungen unserer Zeit zu einem Gottesdienste erheben will, hat so wenig Aehnlichkeit mit deutschem Wesen, wie das Geschrei eines Frosches, der im Sumpfe quackt, mit dem Wohllaut einer menschlichen Stimme. Es ist das Alles nichts Anderes als die Wiederherstellung der tiefsten sittlichen und intellectuellen Versunkenheit, in die das altrömische Heidenthum damals die Menschen gestürzt hatte.

———

XXII. Religionsfreiheit.

Was man heutzutage unter Religionsfreiheit versteht, mag uns Guizot sagen. Er gibt in seinem neuesten, überaus lesenswerthen Werke [1]) folgenden Begriff von ihr:

„Die Religionsfreiheit ist die Freiheit des Gedankens, des Gewissens und des Lebens in Sachen der Religion; die Freiheit zu glauben und nicht zu glauben, die Freiheit für Gelehrte, für die Priester und für die Gläubigen. Der Staat schuldet ihnen Allen dasselbe Maß und denselben Schutz in der Ausübung ihres Rechtes."

Er stellt sich dann die Frage, welche einzelnen besonderen Rechte in diesem Grundsatze der Religionsfreiheit enthalten seien, und fährt fort:

I. „Das Recht für die Individuen, ihren Glauben zu bekennen, ihren Gottesdienst zu üben, dieser oder jener Religionsgesellschaft anzugehören, in ihr zu verbleiben, oder sie zu verlassen."

II. „Das Recht für die verschiedenen Kirchen, sich zu organisiren und ihre inneren Angelegenheiten nach den

---

1) L'Eglise et la société chrétienne en 1861. Chap. 7.

Grundſätzen ihres Glaubens, ihrer Ueberlieferung und ihrer Geſchichte ſelbſt zu verwalten."

III. „Das Recht für die Gläubigen und für die Diener der verſchiedenen Kirchen, durch geiſtige und mo= raliſche Mittel ihren Glauben und ihren Gottesdienſt zu lehren und zu verbreiten."

Nachdem Guizot dann bemerkt hat, daß auch dieſes Recht wie jedes andere mißbraucht werden könne, und deßhalb der Staat berechtigt ſein müſſe, dieſe Gefahr durch eine gewiſſe Oberaufſicht abzuwenden, ſchließt er mit fol= genden Worten:

„Die Sache aber an ſich betrachtet und abgeſehen von vorübergehenden außerordentlichen Ereigniſſen, ſo iſt es unbeſtreitbar, daß mit dem Princip der Religionsfreiheit die individuelle Freiheit des Gewiſſens und des Gottes= dienſtes, die Freiheit der Organiſation und der inneren Selbſtverwaltung der Kirchen, die Freiheit der religiöſen Vereinigung, des religiöſen Unterrichtes weſentlich verbunden iſt; daß ferner dieſes Princip der Religionsfreiheit Wahrheit oder Schein, fruchtbar oder unfruchtbar iſt, je nachdem man aus demſelben dieſe Folgerungen zieht oder nicht, von demſelben dieſe Anwendungen macht oder nicht."

Wir glauben, daß in dieſer Begriffsbeſtimmung Alles enthalten iſt, was man in der Gegenwart gewöhnlich unter Religionsfreiheit und Gewiſſensfreiheit verſteht und daß wir ſie ſomit als einen treuen und erſchöpfenden Ausdruck des Zeitgeiſtes betrachten können.

9*

Wir kommen jetzt zu der wichtigen Frage: Steht die Anerkennung der so bestimmten Religionsfreiheit in Widerspruch mit den Grundsätzen der katholischen Kirche? Ist es Katholiken, die den Grundsätzen ihrer Kirche treu ergeben sind, gestattet, Andersgläubigen eine solche Stellung im Staate einzuräumen? Können katholische Fürsten ihren Unterthanen, ohne ihr Gewissen zu verletzen, diese Gewissensfreiheit gesetzlich gestatten? Kann es Fälle geben, wo sie sogar im Gewissen verpflichtet sind, diese Freiheit zu gewähren? Steht in diesem Falle diese Ansicht nicht in vollem Widerspruch zu dem Verhalten der Kirche im Mittelalter?

Bevor wir zur Beantwortung dieser Fragen übergehen, müssen wir noch eine in ihnen liegende Zweideutigkeit beseitigen und ihren Sinn genau feststellen. Die sittliche Freiheit ist nicht ein Recht zum Bösen, sondern die innere, freie Selbstbestimmung zum Guten, verbunden mit freier Wahl, mit der Möglichkeit des Bösen und mit Ausschluß eines äußeren Zwanges. Die freie Ueberzeugung ist an sich kein Recht zum Irrthum und zur Lüge, sondern die freie innere Selbstbestimmung zur Wahrheit ohne äußeren Zwang.

Die Wahl des Guten und des Wahren ist zugleich in beiden Fällen eine Pflicht und zwar die höchste, die der Mensch hat; die Wahl des Bösen und der Lüge dagegen schändlicher Mißbrauch der gewährten Freiheit. Nur in diesem Sinne kann von Religionsfreiheit die Rede sein. Ein Recht, eine falsche Religion anzunehmen, sie zu orga= nisiren, sie zu verbreiten, kann es an sich nicht geben; vielmehr bleibt es immer die erste und höchste Pflicht des Menschen, die wahre Religion zu wählen und ihr alle seine Kräfte zu schenken. Ebenso kann auch die katholische Kirche nicht aufhören, alle falschen Religionen als den größten Mißbrauch der Freiheit anzusehen und ihn mit allen ihren Mitteln zu bekämpfen. Dagegen ist die Frage: Ob die katholische Kirche nach ihren Grundsätzen, wie bei der sitt= lichen Freiheit, so auch bei der Religionsfreiheit auf äußeren Zwang verzichten kann? ob sie die Wahl der Religion, ebenso wie die Wahl zwischen Gut und Bös, der freien Selbstbestimmung überlassen darf? ob sie endlich, da sie keine äußeren Zwangsmittel besitzt, genöthigt ist, dieselben von der weltlichen Gewalt, oder wenigstens von katholischen Fürsten in Anspruch zu nehmen? Das ist der eigentliche Standpunkt der Frage.

Wir wollen diesen Gegenstand in drei Abtheilungen behandeln indem wir betrachten: Erstens das Verhalten der katholischen Kirche den nicht getauften Ungläubigen gegenüber; zweitens das Verhalten der Kirche und der weltlichen Gewalt in früherer Zeit gegen die getauften Irr= gläubigen; drittens die sich daraus ergebenden Resul= tate für die bezüglichen Zustände in unserer Zeit.

I.

Der h. Thomas, den wir gewiß als einen zuver=
läffigen Gewährsmann für die wahren Grundfätze der
Kirche betrachten können, und der mitten in der Zeit lebte,
in welcher man fich heutzutage, obwohl mit Unrecht, die
Kirchengewalt gern als eine ganz fchrankenlofe vorftellt — er
ftarb 1274 — antwortet auf die Frage: „Ob die Un=
gläubigen zum Glauben gezwungen werden
dürfen?" in folgender Weife:

„Die Ungläubigen, welche niemals den chriftlichen
Glauben angenommen haben, wie die Heiden und Juden,
dürfen in keiner Weife — nullo modo — zum Glauben
gezwungen werden, denn der Glaube hängt vom freien
Willen ab [1]."

Der berühmte und gelehrte Jefuit Suarez fpricht
fich über diefelbe Frage vierhundert Jahre fpäter, indem
er von der Gewalt der Kirche und chriftlicher Fürften han=
delt, in folgender Weife aus:

„Es ift die allgemeine Anficht der Theologen, daß die
Ungläubigen, fie mögen Unterthanen fein oder nicht, zur
Annahme des Glaubens nicht gezwungen werden dürfen,
wenn fie auch hinreichende Kenntniß von ihm erlangt ha=
ben [2]." Er zählt dann eine große Zahl der angefehenften

---

1) Infidelium quidam sunt, qui nunquam susceperunt fidem, sicut
Gentiles et Judaei; et tales *nullo modo* sunt ad fidem compellendi,
ut ipsi credant, *quia credere voluntatis est.* Summa theologica secunda secundae q. 10. art. 2.

2) Communis sententia Theologorum est, infideles non aposta-
tas, tam subditos quam non subditos, ad fidem suscipiendam cogi

katholischen Theologen für diese Meinung auf und kömmt endlich zum Schluß: „Diese Ansicht ist also vollkommen wahr und gewiß ¹)." Um sie aber dann näher zu beweisen, fährt er fort: „Wir behaupten erstens, daß es an und für sich böse — intrinsece malum — ist, die Ungläubigen, welche keine Unterthanen sind, zur Annahme des Glaubens zwin= gen zu wollen, weil dieser Zwang, um stattfinden zu dür= fen, eine rechtmäßige Gewalt voraussetzt, wie offenbar ist. Die Kirche besitzt aber über dieselben nicht diese recht= mäßige Gewalt ²)." Er führt dann sechs Gründe für diese Behauptung an, von denen der erste und entscheidende ist: „Weil Christus der Kirche diese besondere Vollmacht nicht übertragen hat ³)." Er fährt dann fort: „Zweitens kann die Kirche auch Ungläubige, welche ihrer eigenen zeitlichen Herrschaft unterthan sind, nicht zwingen, den Glauben an= zunehmen; was leicht zu beweisen ist. Denn der directe Zwang setzt Vollmacht und Jurisdictionsbefugniß voraus, während aus dem Gesagten hinreichend erhellt, daß die Kirche diese Vollmacht über ihre weltlichen Unterthanen durch einen besonderen Auftrag Christi nicht erhalten hat ⁴)."

Bisher ist nur die Rede gewesen von den Ungläubi= gen als einzelnen Individuen. Der h. T h o m a s geht

---

non posse, etiamsi sufficientem illius propositionem habuerint. *Suarez* Tract. de fide Disp. 18. Sect. III. n. 4.

1) Estque omnino vera et certa sententia. Ibid.

2) Ibid. n. 5.

3) Quia haec potestas neque est data a Christo, neque est ex natura rei in principibus Ecclesiae. L. c.

4) Ibid. n. 7.

nun weiter und fragt: ob auch die gottesdienstlichen
Gebräuche der Ungläubigen geduldet werden müß=
ten? Wir stehen also hier vor den Punkten, die Guizot
unter 2. und 3. als integrirende Theile der Religionsfrei=
heit aufgezählt hat. Der h. Thomas macht sich in
seiner gewohnten Weise, zuerst die möglichen Einwände ge=
gen seine Ansicht aufzustellen, den Einwurf: „Es scheint,
daß die gottesdienstlichen Gebräuche der Ungläubigen nicht
geduldet werden dürfen, denn es ist offenbar, daß die Un=
gläubigen durch ihren Gottesdienst sündigen, und so könnte
man anscheinend schließen, daß der, welcher diese Sünde nicht
hindert, wenn er kann, sich ihrer mitschuldig mache." Der
Heilige antwortet:

„Die menschliche Regierung hat ihren Ursprung in
der göttlichen Regierung und muß sie deßhalb — verhält=
nißmäßig — nachahmen. Gott aber, obwohl er allmächtig
und unendlich gut ist, läßt einiges Böse auf Erden ge=
schehen, obwohl er es an sich hindern könnte; erstens, weil,
wenn er es hinderte, dadurch den Menschen größere Güter
entzogen, oder weil zweitens, daraus andere größere Uebel
entspringen würden [1]." Welche größeren Güter hier der
h. Thomas meint, ist leicht zu erkennen: Gott müßte
dem Menschen die Freiheit, die Bedingung seiner höchsten

---

1) Humanum regimen derivatur a divino regimine, et ipsum
debet imitari. Deus autem, quamvis sit omnipotens et summe bonus,
permittit tamen aliqua mala fieri in universo, quae prohibere posset:
ne eis sublatis, majora bona tollerentur vel etiam pejora mala se-
querentur. Secunda secundae q. 10. art. 11.

Würde nehmen, wenn er ihm jede Möglichkeit des Miß=
brauches entziehen wollte. Der h. Thomas wendet dann
diese Grundsätze auf die menschlichen Regierungen an, fol=
gert daraus, daß auch sie manches Böse dulden müßten,
und kömmt so zu dem Schluß: „Obwohl daher die Ungläu=
bigen durch ihre religiösen Gebräuche sündigen, so dürfen
sie doch gebuldet werden; entweder wegen des Guten, das
sie noch immer an sich haben, oder wegen des größern
Bösen, das sonst entstehen würde [1]." Zu diesem Bösen
rechnet er dann später große Aergernisse, Zerwürfnisse, die
durch gewaltsame Hinderung entstehen könnten, oder insbe=
sondere wenn dies Verfahren ein Hinderniß für das wahre
Heil der Ungläubigen selbst werden könnte [2].

Wir sehen hier, mit welcher Umsicht diese großen Leh=
rer der Kirche der so viel mißbrauchten Ansicht entgegen=
treten, daß Jeder, der eine Gewalt besitzt, nun auch ver=
pflichtet sei, so viel Gutes zu thuen, wie ihm nach seinem
Ermessen möglich sei. Um mit Gewalt Böses zu hindern,
dazu gehört vielmehr erstens nicht allein die physische Macht,

---

1) Sic ergo et in regimine humano illi, qui praesunt, recte aliqua mala tolerant, ne aliqua bona impediantur vel etiam ne aliqua
mala pejora incurrantur. . . . Sic ergo quamvis infideles in suis ri-
tibus peccent, tolerari possunt vel propter aliquod bonum, quod ex
eis provenit, vel propter aliquod malum, quod vitatur. L. c.

2) Aliorum vero infidelium, qui nihil veritatis aut utilitatis affe-
runt, non sunt aliqualiter tolerandi, nisi forte ad aliquod malum vitandum; sic ad vitandum scandalum vel dissidium, quod ex hoc posset provenire, vel impedimentum salutis eorum, qui paulatim sic
tolerati convertuntur ad fidem. L. c.

sonbern auch die rechtmäßige Autorität, und zweitens die Anwendung solcher Mittel, die nicht, indem sie Böses hindern, noch mehr Böses anrichten. Es ist ein thörichter Eifer, dem Nebenmenschen beide Augen zu rauben, um die Hand zu retten, die in Gefahr ist. So muß jede Gewalt, — der Freiheit, der Selbstbestimmung des Menschen gegen= über, — sich nicht nur über ihren rechtmäßigen Umfang prüfen, sondern auch über die Tabellosigkeit der Mittel, die sie anwenden will.

Da dieser Gegenstand so überaus wichtig ist, so wol= len wir abermals über dieselbe Frage Suarez, den be= rühmten Ausleger des h. Thomas, vernehmen. Er bestätigt nicht nur die Ansicht desselben über die Duldung der reli= giösen Gebräuche der Ungläubigen, sondern gibt auch zu= gleich genau die Grenzen an, bis wohin diese Duldung gehen darf. Diese letzte Bestimmung aber ist von der höch= sten praktischen Wichtigkeit für die Frage, wie weit auch in unserer Zeit nach den Grundsätzen der Kirche Religions= freiheit gestattet werden dürfe.

„Es hat den Anschein, beginnt Suarez in seinem Commentar zum h. Thomas in der Art wie dieser selbst, daß die religiösen Gebräuche der Ungläubigen — also wieder aller Ungetauften z. B. der Heiden, Muha= mebaner 2c. — in christlichen Ländern nicht geduldet werden dürfen, da sie voll Aberglauben und die Ehre des wahren Gottes verletzend sind, dessen wahren Dienst doch christliche Fürsten befördern müssen. Mit Recht aber unterscheidet der h. Thomas eine doppelte Art religiöser Gebräuche: einige sind gegen die Vernunft und gegen Gott, insoweit

er durch die Natur und die natürlichen Seelenkräfte er=
kannt werden kann, z. B. der Götzendienst u. s. w. Andere
sind zwar in Vergleich zum christlichen Glauben und zu
seinen Geboten verwerflich; nicht aber weil sie an sich böse
sind und unvernünftig. So z. B. die Gebräuche der Juden
und vielleicht manche Gebräuche der Muhamedaner und
solcher Ungläubigen, die den Einen wahren Gott anbeten."

„Was die Ersteren betrifft, so darf sie die Kirche bei
ihren eigenen ungläubigen Unterthanen nicht dulden. . . .
Dies ist jedoch nur der allgemeine Grundsatz; denn oft ge=
schieht es, daß christliche Fürsten auch solche Gebräuche
nicht hindern können, ohne großen Nachtheil für das Reich
und selbst für die christlichen Bewohner. Dann dürfen sie
selbst diese ohne Sünde dulden nach den Worten Christi,
wo er den Dienern, die den Hausvater fragen, ob sie das
Unkraut ausreißen sollen, antwortet: Nein, damit ihr
nicht etwa mit dem Unkraut auch den Waizen
ausreutet. (Matth. 13.) [1]."

„Was dagegen die andern religiösen Gebräuche der Un=
gäubigen betrifft, welche zwar dem christlichen Glauben,
nicht aber der natürlichen Vernunft widersprechen, so ist es
unzweifelhaft, daß die Ungläubigen nicht gezwungen werden
dürfen, selbst wenn sie zu den Unterthanen gehören, sie zu
verlassen; sondern daß sie von der Kirche gedul=
det werden. So lehrt ausdrücklich von den Juden der
h. Gregor (Lib. I. Epistol. 34.), wo er verbietet, ihnen
ihre Synagogen zu entziehen und sie zu hindern, darin ihre

---

[1] Tract. de fide Disp. 18. sect. IV. n. 9.

religiösen Gebräuche zu üben; ferner Lib. II. Ep. 15., wo er abermals ausspricht, daß man ihnen gestatten solle, ihre Festlichkeiten zu begehen. Der Grund hiefür ist aber, weil diese Gebräuche nicht an sich kraft des Naturgesetzes böse sind; deßwegen erstreckt sich die weltliche Gewalt auch des christlichen Fürsten an sich nicht bis auf das Recht, sie zu verbieten. Es läßt sich nämlich für ein solches Verbot als Grund nur der Widerspruch gegen den christlichen Glauben annehmen. Dieser genügt aber nicht bezüglich Jener, die der geistigen Gewalt der Kirche nicht unterworfen sind. Diese Anschauung wird auch dadurch bestärkt, daß ein sol= ches Verbot gewissermaßen ein Zwang zur Annahme des Glaubens wäre, der nie erlaubt ist[1]."

Aus dem Gesagten ergeben sich also für das Verhal= ten der katholischen Kirche und christlicher Fürsten bezüglich der Religionsfreiheit der Nichtgetauften folgende wichtige Grundsätze:

1) Die Annahme des christlichen Glaubens, die vor Gott die größte Pflicht des Menschen ist, ist den Menschen gegenüber Sache des freien Willens, der freien Selbstbe= stimmung, und Niemand darf dazu in irgend einer Weise — ullo modo, — wie der h. Thomas sagt, durch An= wendung äußerer Mittel gezwungen werden.

2) Die geistliche Gewalt in der Kirche, wie jede welt= liche Gewalt, ist beschränkt. Die Träger derselben dürfen nicht Alles thuen, was sie können, was sie etwa für nütz= lich halten, nicht in dieser Hinsicht jeden beliebigen Zwang

---

1) Ibid. n. 10.

ausüben. Die Anwendung einer äußeren Gewalt ist viel=
mehr nur in dem Umfange statthaft, wie es die Natur
der Autorität mit sich bringt. Dieser Gedanke macht jeden
Absolutismus unmöglich und ist von ganz unermeßlicher
praktischer Bedeutung. Es ist ein Grundirrthum der Zeit
und vieler der besten und wohlwollendsten Männer, ein
Irrthum, der sich durch die lange Angewöhnung des Ab=
solutismus in den Seelen festgesetzt hat, das Heil vorwie=
gend von Anwendung äußerer Mittel zu erwarten, nament=
lich von dem Auftreten eines großen, hochbegnadigten
Fürsten. Wir verkennen wahrlich nicht den Segen guter
christlicher Fürsten; sie werden aber um so segenreicher
wirken, je mehr sie sich in den Schranken ihrer wahren
Berechtigung halten. Das Gute, das ein Fürst auch in
der allerbesten Absicht über das Maß seiner rechtmäßigen
Gewalt hinaus üben will, ist nur ein glänzendes Schein=
gut, das vielleicht unbemerkt der Kirche und dem Staate
die schrecklichsten Schäden zufügt [1]). Wenn die bourboni=
schen Könige, statt sich dem glänzenden Scheine ihrer All=

---

[1]) Fénelon sagte einst zum Prätendenten der englischen Krone:
Sur toutes choses ne forcez jamais vos sujets à changer leur religion. Nulle puissance humaine ne peut forcer le retranchement im-
pénétrable de la liberté du coeur. La force ne peut jamais persuader
les hommes: elle ne fait que des hypocrites. Quand les rois se mê-
lent de religion, au lieu de la protéger, ils la mettent en servitude.
Accordez à tous la tolérance civile, non en approuvant tout comme
indifférent, mais en souffrant avec patience tout ce que Dieu souffre,
et en tâchant de ramener les hommes par une douce persuasion.
Oeuvres de Fénelon Paris 1787. Tome III. pag. 530.

gewalt hinzugeben und unter dem Vorwande, überall als erftgeborene Söhne der Kirche zu handeln, sich in Alles, in Kirche, Haus und Staat einzumischen, sich in dem Um= fang ihrer rechtmäßigen Gewalt gehalten und da ganz einfach nur das Sittlichgute gefördert hätten, — wie ganz anders ftände es dann in der Welt, welches Unglück wäre dann auch felbst von der Kirche abgehalten worden! Jede Gewalt hat ihre Grenzen, und jedes Wir= ken über diese Grenzen hinaus ist — es mag noch so wohlgemeint sein, — gegen Gottes Willen und deßhalb kein Segen, sondern Fluch.

3) Die geiftige Gewalt der Kirche, die auf der Ein= setzung Jesu Chrifti beruht, erftreckt sich nur auf ihre Glie= der, und zwar in dem Umfange, wie Christus es ihr über= tragen hat. Die Nichtgetauften, Nichtchristen sind ihrer Jurisdiction nicht unterworfen [1]). Diesen gegenüber hat sie nur das Recht: Allen Geschöpfen das Evangelium zu predigen und sie bei ihrem Seelenheile aufzufordern, in die Kirche einzutreten; sie hat aber nicht die rechtmäßige Au= torität, diesen Eintritt (direct oder indirect) äußerlich selbst zu erzwingen, oder Andern diesen Zwang selbst zu be= fehlen.

4) Die weltliche Gewalt im Staate, ob sie von chrift= lichen Fürsten geübt wird oder von andern, hat an sich nur einen Theil der irdischen Interessen der Menschen zu ihrem Gegenftande, nicht die Wahrheiten der übernatürli=

---

1) Ecclesia in neminem judicium exercet, qui prius per baptis-mum non fuerit ingressus. Conc. Trid. Sess. IV. c. 2.

chen Offenbarung. Den Umfang ihrer eigenthümlichen
Autorität und Vollmacht, der ihr von ihr selbst kömmt,
und nicht durch Uebertragung von Andern, empfängt sie
aus der natürlichen Ordnung der Dinge und der von Gott
in ihr unabänderlich gegründeten Gesetze. Der Umfang
dieser Autorität kann durch Uebertragung seitens der Kirche
vermehrt werden, wie die alten christlichen Könige vielerlei
solcher Rechte empfangen hatten, die sie im Namen der
Kirche verwalteten; sie kann auch durch besondere geschichtliche Ereignisse vergrößert werden. Ihre Grundbestand-
theile empfängt sie aber aus den Gesetzen, die Gott mit
der Bestimmung der gesammten Weltordnung auch in der
Bestimmung einer staatlichen Gemeinschaft niedergelegt hat,
und über diese Grundgesetze hat Niemand ein Recht, weder
die Kirche noch das Volk. In dieser Hinsicht ist der Staat
vollkommen unabhängig von der Kirche in demselben Sinne
wie die ganze natürliche Ordnung. Christus hat zwar die natürliche Ordnung anerkannt und geheiligt, er hat den Trägern
der weltlichen Gewalt wie denen, die ihnen gehorchen, eine
Reinheit und Höhe der Absicht, eine Treue der Pflichterfüllung
u. s. w. gegeben, wie man sie bis dahin nicht kannte, er hat der
ganzen staatlichen Ordnung eine erhabene heilige Weihe verliehen; — er hat aber den Umfang der weltlichen Gewalt an
sich nicht erweitert. Die neuen Vollmachten, die er den Menschen gab, hat er den Aposteln und ihren Nachfolgern übertragen. Unmittelbar hat er der weltlichen Gewalt keine neuen
Vollmachten verliehen. Die weltliche Gewalt hat daher weder
selbst die Autorität, die Nichtchristen zum christlichen Glauben, der der übernatürlichen Ordnung angehört, zu zwingen,

noch kann ihr von der Kirche diese Autorität übertragen werden, weil auch sie dieselbe nicht besitzt.

5) Dagegen hat die Religionsfreiheit ihre natürlichen Grenzen in der Vernunft, in der natürlichen Sittlichkeit und in der natürlichen Ordnung. Keine vernünftige sittliche Freiheit darf so weit gehen, die sittliche Ordnung, auf die Alle ein Recht haben, zu zerstören. Deßhalb sind christliche und nichtchristliche Fürsten und Träger der weltlichen Gewalt, so weit ihre Macht reicht, verpflichtet, solchen religiösen Lehren und Gebräuchen entgegen zu treten, die offen die Gesetze der Vernunft und der Sittlichkeit mißachten. Aus diesem Grunde dürfen z. B. christliche Fürsten nicht den Götzendienst bei ihren Unterthanen dulden, wenn sie ihn hindern können. Hierüber sagt Suarez: „Zur menschlichen Gesellschaft gehört es vermöge der Vernunft und des natürlichen Gesetzes, daß in ihr der wahre Gott verehrt werde. Folglich muß auch in ihr die Gewalt bestehen, die Menschen hierzu anzuhalten und die entgegengesetzten Verbrechen zu verhüten. Außerdem ist das Ziel dieser Gewalt, im Staate den Frieden und die Gerechtigkeit aufrecht zu erhalten; das ist aber nicht möglich, ohne die Menschen auch zur Tugend anzuhalten. Sie können aber nicht der natürlichen Sittlichkeit und Tugend gemäß leben ohne Religion und den Dienst des Einen wahren Gottes. Hieraus ergibt sich also, daß die Gewalt im Staate hierzu berechtigt und verpflichtet ist [1], „nämlich nur die Verehrung des wahren Gottes zu gestatten, den Götzen-

---

[1] Tr. de fide Disp. 18. s. IV. n. 7.

dienst, als unvernünftig und unsittlich zu unterdrücken. Dieselben Gründe gelten selbstredend auch für alle andern dem natürlichen Sittengesetze widersprechenden Religionsge= bräuche, aber nur bei den eigenen Unterthanen [1]).

Nach diesen Grundsätzen gewährt also die Kirche den Ungläubigen in vollem Maße die Religionsfreiheit, welche Guizot gefordert hat. Wir haben absichtlich den Ge= genstand so weitläufig behandelt, um zu zeigen, daß dies nicht eine äußerliche zufällige Ansicht ist, sondern eine nach allen Seiten hin tiefüberlegte, ein Ergebniß erhabener Principien. Die Kirche ehrt so sehr Gewissensfreiheit und Religionsfreiheit, daß sie jeden äußern Zwang auf Jene, die ihr nicht angehören, als unsittlich und vollkommen un= statthaft abweist. Zugleich aber zieht sie ganz bestimmte scharfe Grenzen, wo nämlich Religionsfreiheit die sittlichen Güter der Menschen bedrohen würde. Auch die sittliche Freiheit hat ihre Grenzen, wo sie nämlich zum Verbrechen wird, das die Gesellschaft gefährdet. So muß auch Reli= gionsfreiheit ihre Grenzen haben, nicht nur wenn sie den Staat selbst erschüttert, sondern auch wenn sie das Recht Aller auf die höchsten sittlichen Güter verletzt. Das aber ist der Fall, wenn man, wie es jetzt geschieht, sich Secten bilden läßt, welche unter dem Deckmantel der Re= ligion den ewigen Herrn des Himmels läugnen, den unsittlichsten Materialismus befördern und damit die Auflö= sung aller sittlichen Grundlagen der menschlichen Gesellschaft, so viel an ihnen liegt, herbeiführen. Eine solche Religions=

---

1) Tr. de fide Disp. 18. s. IV. n. 3.

freiheit ist wahrhaft ein unsittlicher und unvernünftiger Greuel, auf den Gott nur seinen Fluch legen kann; und Staaten, die ihn dulden, müssen daran zu Grunde gehen.

II.

Diesen Grundsätzen, daß keine Art von Zwang gegen die Ungläubigen angewendet werden dürfe, um sie zum Glauben zu nöthigen, und daß selbst ihr Gottesdienst, so lange er nicht an sich unsittlich ist und nicht der Verehr= ung des Einen wahren Gottes widerspricht, gebuldet wer= den müsse, scheint auf den ersten Blick das Verfahren sowohl der Kirche wie der weltlichen Gewalt gegen die Häretiker im Mittelalter zu widersprechen. Wenn wir aber die Gründe näher betrachten, worauf sich dieses Verfahren stützte, so werden wir finden, daß ein solcher Widerspruch in der That nicht besteht; und daß außerdem diese Gründe in der Gegenwart nicht mehr vorhanden sind, so daß die Anwendung eines äußeren Zwanges in Glaubenssachen jetzt von selbst wegfällt.

Bevor wir dieses nachweisen, müssen wir den rechtlichen Begriff jener Häresie hier hervorheben, die allein, nach den Grundsätzen der Kirche, eine Bestrafung wegen Vergehen gegen den Glauben begründete. Zur Ketzerei in diesem Sinne gehörten insbesondere zwei Momente: Erstens ein hartnäckiges Bestehen und Beharren eines giltig getauften Christen im Irrthum nach vorhergegangener hinreichender Unterweisung; zweitens ein in dieser hartnäckigen Gesinnung bethätigter Widerspruch gegen die Autorität in der Kirche[1]). Daraus ergibt sich, daß zwischen Irrenden in den christlichen Glaubenswahrheiten und strafbaren Häretikern ein überaus großer Unterschied besteht. Ein unverschuldeter Irrthum ist nicht nur keine strafbare Häresie, sondern nicht einmal das kleinste sittliche Vergehen. Zur strafbaren Häresie gehört hinreichende Einsicht in die bestrittene christliche Wahrheit, hartnäckiger Widerspruch gegen dieselbe und zugleich Widerspruch gegen die Autorität in der Kirche. Nach kirchlicher Auffassung besteht die Bosheit der Häresie recht eigentlich in dem Letzteren, in dem Widerspruch gegen die Autorität, weil diese die eigentliche Trägerin des ganzen christlichen Lehrgebäudes, die Richterin bei Streitigkeiten, das Wesen des in ihr bestehenden Lehramtes ist. Wo daher gar keine Einsicht in das Wesen dieser Autorität vorhanden ist, wo nur Vorurtheile herrschen, wo die Autorität in der Kirche gleichbedeutend mit Menschen- und Priesterwillkühr genommen wird, kann schon eigentlich von Häresie im strafbaren Sinne gar keine Rede sein. Daraus folgt, daß dieser Begriff strafbarer Häresie im Sinne der Kirche überhaupt nicht auf Jene angewendet werden kann, welche sich nicht selbst vom Schooße der Kirche getrennt haben, sondern von Solchen abstammen, die lange vorher von der Kirche abgefallen sind. Wann und wo bei ihnen dann der Irrglaube Sünde wird, kann nur Gott beurtheilen, der die Herzen durchforscht. Aeußerlich ist es unmöglich,

---

1) Cf. *Suarez* Tract. de fide q. 19. sect. III. et V.

10*

dieſes feſtzuſtellen. Obgleich daher die Kirche alle Dieſe, ſo
weit ſie gültig getauft ſind, als Glieder der Einen, heiligen
katholiſchen Kirche anſieht, und ſie deßhalb im Grunde und
vor Gott auch als der kirchlichen Gewalt unterworfen be=
trachtet, ſo liegt es ihr doch ferne, von der kirchlichen
Gewalt gegen ſie einen äußeren, ſtrafenden Gebrauch machen
zu wollen. Ihnen gegenüber kann die Kirche in dieſer Hin=
ſicht nur den Standpunkt einnehmen, von dem aus ſie ihr
Verhältniß zu den Ungläubigen betrachtet und es ihrer
freieſten Selbſtbeſtimmung überlaſſen, ob ſie ſich ihrem Glau=
ben zuwenden wollen 1).

Was nun nach dieſer Begriffsbeſtimmung der ſtrafbaren
Häreſie das Verfahren der weltlichen Gewalt in früherer Zeit
betrifft, ſo betrachtete ſie dieſelbe allerdings als ein bürgerliches
Vergehen und hielt ſich deßhalb berechtigt, ſie mit äußeren
ſchweren Strafen, ſelbſt mit der Todesſtrafe zu belegen. Schon
das römiſche Recht nahm, nachdem ſich die Kaiſer zum
Chriſtenthum bekehrt hatten, die Häreſie unter die ſtraf=
baren bürgerlichen Vergehen auf; dieſer Geſichtspunkt ging
dann auch in das deutſche Gewohnheitsrecht über und von

---

1) So verfährt auch wirklich überall die Kirche gegen die ſchisma=
tiſchen Griechen und gegen die Proteſtanten, ſeitdem dieſelben einmal
(als geſchichtlich) vollendete Thatſachen exiſtiren und es iſt ein durch
und durch unwahres und boshaftes Treiben, wenn man die Proteſtanten
glauben machen will, ſie hätten von der katholiſchen Kirche gewaltſame
Bekehrung zu fürchten. Und doch hat man ſich nicht geſcheut, in den
jüngſten Agitationen gegen die Concordate dieſer wahrhaft lächerlichen
Beſchuldigung als Waffe ſich zu bedienen!

ba in die Geſetze der deutſchen Kaiſer. Dieſer Standpunkt
ergab ſich ganz von ſelbſt aus der Einheit des Glau=
bens und dem ganz allgemeinen Glaubensbe=
wußtſein, ohne daß die Kirche dieſen ſtrafenden Zwang,
dieſe Strafe zunächſt ſelbſt gefordert hätte, wenn ſie auch
ſpäter die Berechtigung zu demſelben anerkannt hat. Von
vielen und verſchiedenen chriſtlichen Confeſſionen oder, wenn
man den Ausdruck gebrauchen will, Kirchen hatte man da=
mals noch keinen Begriff. Man lebte allgemein in der
Vorſtellung von der Einen heiligen, allein wahren, über
die ganze Welt verbreiteten chriſtlichen Kirche. Dieſe chriſt=
liche Kirche wurde als ein vom Himmel den Menſchen
geſchenktes Geſammtgut betrachtet, das allen Chriſten in
der Welt gemeinſam zugehöre, an das Alle ein Recht hätten,
und in dem ihre höchſten Güter niedergelegt und ihnen be=
wahrt würden. Wie konnte es bei ſolcher Anſchauung aus=
bleiben, daß man einen Angriff auf dieſen großen geiſtigen
Gottestempel auf Erden, der als der Grundpfeiler aller
geſellſchaftlichen Ordnung mit Recht betrachtet wurde, auch
für ein bürgerliches Verbrechen hielt, wenn er von den
eigenen Kindern und Bewohnern deſſelben ausging; daß
man Verfälſchung des Allen gemeinſamen Glaubens, wie
der h. Thomas von Aquin ſagt, für ſtrafbarer als Münz=
verfälſchung hielt? Die Ungetauften ließ man in dem Be=
ſitz ihrer vollen Freiheit; getaufte Chriſten aber, die durch
ihre Taufgelübde als gebunden und gegen die Kirche ver=
pflichtet erſchienen, glaubte man um ſo mehr in einem ſolchen
Falle als Verbrecher anſehen zu müſſen, je höher man die
Güter hielt, die ſie Allen entreißen wollten. Wenn man

auch die Wahrheit, daß der Glaube im Grunde Sache der freien Selbstbestimmung sei, unbedingt anerkannte, so schien dieser Standpunkt bei denen wesentlich verändert, die durch die Taufe den Glauben der Kirche angenommen und die Pflicht übernommen hatten, ihn treu bis an das Ende zu bewahren. Außerdem stand dem Rechte des Einen auf Glaubensfreiheit das Recht Aller entgegen, in dem Besitze ihres Glaubens nicht gefährdet, nicht gestört zu werden. Wenn daher jemals ein Gesetz aus dem allgemeinsten Bewußtsein hervorgegangen ist, so sind es die bürgerlichen Gesetze gegen die Häretiker. Man kann sie in vollem Sinne ein Naturrecht nennen, denn wo immer auf Erden Menschen in einem staatlichen Verbande zusammengelebt haben, auch bei allen heidnischen Völkern, haben sie geglaubt, die religiöse Ueberzeugung, die sie Alle hatten, gegen den Angriff Einzelner schützen zu dürfen. Wollte man also hier einen Vorwurf erheben, so träfe er nicht sowohl die Kirche, als vielmehr das Rechts- und Volksbewußtsein aller Völker, in denen die Glaubenseinheit bestand. Wir müssen aber auch hervorheben, daß das Verfahren der weltlichen Gewalt gegen die Häresie sich nicht allein, ja nicht einmal hauptsächlich auf Läugnung des Glaubens bezog. Eine Menge anderer Vergehen wurde unter diesen Begriff mitgerechnet, die überhaupt nach bürgerlichem Rechte strafbar sind, namentlich viele ¡Verbrechen der Unsittlichkeit; die Ketzergerichte des Mittelalters waren weit mehr Strafgerichte über entsetzliche Verbrechen der Unsittlichkeit als über eigentliche Sünden gegen den Glauben. Die späteren weltlichen Inquisitionsgerichte in Spanien, deren Greuel übrigens sehr übertrieben worden sind [1]), haben unmittelbar mit der Kirche und ihren Grundsätzen gar Nichts zu thuen. Sie waren lediglich Schöpfungen des immer mehr auftretenden staatlichen Absolutismus, der auch hier sich des kirchlichen Scheines bediente, um eine schrankenlose Macht an sich zu reißen und unter diesem Deckmantel Alles zu beherrschen.

Aus dem Gesagten ergibt sich aber von selbst, daß die Behandlung der Häresie als eines bürgerlichen Vergehens von da an aufhören mußte, wo die Einheit des Glaubens zerstört war. Damit fällt eben ihre wesentliche Voraussetzung weg. Das trat in Deutschland ein sofort nach der Glaubensspaltung und schon in der peinlichen Halsgerichtsordnung von Karl V. von 1532 erscheint die Häresie nicht mehr als bürgerliches Vergehen. Die Einheit des Glaubens ist durch Schuld der Menschen und durch Gottes gerechte Zulassung der Christenheit verloren — und wie sie ursprünglich nicht auf dem Wege des Zwanges, sondern lediglich durch die Kraft des göttlichen Wortes und der göttlichen Gnade, durch die Tugenden der Christen und das Blut der Märtyrer begründet wurde, so soll und wird sie auch ohne Zweifel wieder hergestellt werden. Bis jene glückliche Zeit eintritt, müssen wir uns so gut es geht vertragen, und hat der Staat vor Allem die Pflicht, das Recht und die Freiheit Aller zu schützen.

Es ist daher eine Absurdität behaupten zu wollen, daß

---

1) Siehe das treffliche Geschichtswerk: Der Cardinal Ximenes von Hefele.

die katholische Kirche genöthigt sei, oder die Absicht hege, irgend einem Fürsten zuzumuthen, äußere Strafen für Abweichungen von ihrem Glauben zu verhängen. Ja, noch mehr — wenn man von einigen Ausnahmen aus dem Reformationszeitalter und der Zeit der Bürgerkriege absieht, ist von Seiten der Katholiken in den letzten Jahrhunderten gegen Andersgläubige keine Gewalt geübt worden und am allerwenigsten ist etwas Derartiges von der Kirche oder von den Päpsten geschehen; während in England, Schweden und anderen Ländern die grausamste Criminalgesetzgebung nicht etwa bloß gegen solche, die von ihrer Religion abfielen, sondern die der Religion ihrer Väter treu blieben, bis fast in unsere Tage bestand und zum Theil noch nicht aufgehoben ist. Man sollte doch diese Thatsachen nicht so hartnäckig ignoriren!

Was dagegen das Verfahren der geistlichen Gewalt gegen die Häretiker in dem bezeichneten Sinne betrifft, so hat die Kirche allerdings zu jeder Zeit eine Strafgewalt über die ihr durch den Glauben und die Taufe verbundenen Glieder in Anspruch genommen. Dieses Strafverfahren besteht aber in geistlichen und kirchlichen Strafen, die dann insbesondere den Zweck der Besserung haben. Die höchste dieser Strafen ist der Ausschluß aus der Kirchengemeinschaft. Der Glaube ist das Fundament der Kirche und so gewiß jede Genossenschaft, die bestehen bleiben will, das Recht hat, ihre Fundamentalbestimmungen gegen die Angriffe ihrer Mitglieder zu schützen, so gewiß muß die Kirche das Recht haben, Diejenigen aus ihrer Gemeinschaft auszuschließen, die das Fundament verwerfen, auf dem sie ruht. Wenn dabei die Kirche sich auch äußerer Zwangsmittel bediente, so geschah es insbesondere als Mittel zur Belehrung und Besserung, nicht in der Meinung, als ob der Glaube innerlich erzwungen werden könnte, oder nicht seinem Wesen nach durchaus ein innerer Act sei. Auch die Familie und der Staat bedienen sich äuß= serer Strafmittel zur inneren, sittlichen Besserung. Uebrigens lag die Möglichkeit der Anwendung dieser äußeren Mittel in der Stellung, die der Staat der Kirche eingeräumt hatte, und fällt von selbst hinweg, sobald der Staat der Kirche diese äußere Hülfe entzieht.

III.

Wenn wir nun nach dieser Entwicklung die oben auf= gestellten Fragen, in wie weit die Kirche gegen den Miß= brauch der Religionsfreiheit äußeren Zwang in Anspruch nehmen muß, und ob Katholiken Religionsfreiheit für nöthig halten dürfen, für unsere Zeit beantworten wollen, so kommen wir zu folgendem Resultate:

1) Im Allgemeinen betrachtet die Kirche die Annahme der Religion als Sache der inneren Selbstbestimmung und bestreitet sowohl der staatlichen wie der kirchlichen Gewalt das Recht, auf sie durch äußeren Zwang einzuwirken.

2) Die Bestrafung der Häretiker durch die Kirche, in verhältnißmäßig wenigen einzelnen Fällen, hatte daher nicht ihren Grund in dem Bestreben, die Glaubensüberzeugung durch äußere Mittel zu erzwingen, sondern in der Anschau= ung, daß der Christ durch die Taufe Pflichten übernommen habe, zu deren Erfüllung er angehalten werden dürfe. Diese äußere Strafe fand aber nur statt in besonderen

Fällen und bei offenen, formellen Häretikern in dem oben angegebenen Begriffe. Gültig getaufte Protestanten stehen nun zwar eben durch die Taufe noch in einem Verbande mit der katholischen Kirche. Abgesehen aber von allen anderen Gründen, welche hinreichend zu erkennen geben, daß es der katholischen Kirche nicht entfernt einfällt, deßhalb einen äußeren Zwang gegen sie üben zu wollen, kann selbst jener Begriff einer formellen und strafbaren (punibilis) Häresie gegen sie nicht festgestellt werden, so daß schon aus diesen Gründen die Furcht vor einer solchen Absicht ein gänzlich leeres Schreckbild ist.

3) Die Häresie als bürgerliches Verbrechen hatte dagegen die Einheit des Glaubens zur Voraussetzung und ist mit ihr aus den Strafgesetzen verschwunden.

4) Wo andere religiöse Genossenschaften nach bürgerlichem Rechte bestehen, ist ein katholischer Fürst ihnen den vollen Rechtsschutz schuldig und er würde durch äußeren Zwang gegen die Grundsätze seiner Kirche verstoßen[1].

5) In diesem Sinne bestehen in Deutschland zu vollem Rechte neben der katholischen Kirche die lutherische und die reformirte; und ein katholischer Fürst ist ihnen daher ohne Zweifel in ihrem rechtlichen Bestande Schutz, Liebe und Fürsorge schuldig.

6) In wie weit die Staatsgewalt auch anderen religiösen Genossenschaften freien corporativen Bestand gewähren will, das überläßt die Kirche ganz und gar ihrer freien

[1] Cf. *Becanus* de fide tenenda haereticis.

Selbstbestimmung. Es steht kein kirchlicher Grundsatz fest, welcher einen Katholiken behinderte der Meinung zu sein, daß unter den gegebenen Verhältnissen die Staatsgewalt am Besten thue, mit der gleich zu erwähnenden Beschränk= ung volle Religionsfreiheit zu gewähren.

7) Wir müssen nämlich die oben bezeichnete Grenze der Religionsfreiheit als eine Forderung der Vernunft und des Christenthumes behaupten und es daher als einen Miß= brauch ansehen, wenn die Staatsgewalt unter dem Vorwande der Religionsfreiheit Secten duldet, die den persönlichen Gott läugnen, oder die Sittlichkeit gefährden. Ein solches Verfahren steht mit dem Rechte und der Pflicht der Staats= gewalt in offenem Widerspruch: erstens ihres Ursprunges wegen, denn die obrigkeitliche Gewalt ist von Gott, und es gibt daher absolut keinen höheren Mißbrauch derselben, als wenn sie Gott läugnen läßt; zweitens ihres Zieles we= gen, denn das der Obrigkeit gesetzte Ziel ist, Frieden und Gerechtigkeit auf Erden zu hüten, beides aber ist unmöglich ohne Sittlichkeit, Sittlichkeit aber unmöglich ohne Gottes= furcht.

8) Die Kirche aber wird nicht aufhören über ihre Glieder jene Gewalt in Anspruch zu nehmen, die Christus ihr verliehen hat, insbesondere das Recht diejenigen, die ihren Glauben verläugnen, aus ihrer Mitte auszuschließen.

XXIV. Freiheit der Kirche.

Unsere Zeit hat von der Vergangenheit in der Ver=
wirrung aller Principien über das Verhältniß zwischen
Kirche und Staat ein böses Vermächtniß bekommen. Aus
der Kirchenspaltung, — die ja überhaupt in den Händen
vieler Fürsten nur ein Mittel war, ihr Streben nach ab=
soluter Souveränetät zu fördern, nach Oben gegen Kaiser
und Papst, nach Unten gegen jede Selbstständigkeit in
Ständen und Corporationen — war das Princip hervor=
gegangen, daß die fürstliche Gewalt das Recht einschließe
das Gewissen zu beherrschen, den Unterthanen zu befehlen,
was sie glauben müßten, so daß die gesammte protestan=
tische Bevölkerung in Deutschland, die sich von der katho=
lischen Kirche getrennt hatte, um frei zu sein, nunmehr
mit ihrem Gewissen von der Willkür weltlicher Fürsten
abhing. Je mehr dieses Princip sich geltend machte und
von dem absolutistischen und egoistischen Geiste jener Jahr=
hunderte unterstützt, in das öffentliche Leben überging, um
so mehr mußten alle wahren Begriffe über das Verhältniß
zwischen Kirche und Staat sich verwirren. Dieselbe Zeit=
richtung ergriff naturgemäß auch die katholischen Höfe.
Ein Gedanke herrschte damals über alle Köpfe, den später
ein preußischer König mit den Worten aussprach: „Ich
stabilire mich auf meine Souveränetät wie auf einen rocher

de fer." Namentlich suchten die bourbonischen Höfe, wenn sie auch, der Grundsätze ihrer katholischen Untertha= nen wegen, nicht als die Inhaber der kirchlichen Gewalt auftreten konnten, sich dadurch zu entschädigen, daß sie — bald unter dem Vorwand alter Privilegien, die von den Päpsten früher verliehen seien, bald unter dem alter nationa= ler Freiheiten, bald durch Erpressungen einer ränkevollen Di= plomatie — Rechte der Kirche, insbesondere die Besetzung aller hohen wichtigen Stellen in derselben an sich rissen. Servile Cardinäle, Bischöfe und Kanonisten dienten vielfach als geschmeidige Werkzeuge bei diesem Unternehmen.

Die Revolution hat einen Theil der Throne hinweg= gerissen, aber die alten Systeme stehen lassen. In Deutsch= land, wo die katholische Kirche seit Beginn dieses Jahr= hunderts in ihrem ganzen äußeren Bestande zerstört war, wo die alten katholischen Diöcesen ihrer Hirten beraubt, wie das Kleid des Herrn zerrissen und in Stücken bald hier bald dorthin ausgetheilt wurden, ohne der Kirche auch nur den minbesten Rechtsschutz gegen die Beeinträchtigung ihrer Rechte zu gewähren, konnte es nicht ausbleiben, daß die Beamten der protestantischen Landesfürsten, ganz in der Schule des „Cujus regio ejus religio" aufgewachsen, keine andere Ansicht von dem Verhältniß gegen die katho= lische Kirche hatten, als sie es gegen die protestantische von Jugend auf zu üben gewohnt waren. Die protestan= tische Kirche hatte auch den letzten Schatten einer Selbst= ständigkeit verloren; denselben Maßstab legte man mit vol= ler Unbefangenheit an die katholische Kirche an. Einen Schein für dieses Verfahren fand man in jenen Hofkanoni=

ften, welche die Kirche an den Abfolutismus katholifcher Fürften verrathen hatten.

Diefe Verwirrung wahrer Grundfätze über das Ver=
hältniß zwifchen Kirche und Staat und die daraus ent=
fpringende Benachtheiligung der katholifchen Kirche ift aber
in jüngfter Zeit in ein ganz neues Stadium eingetreten.
Bisher hatte man es zu thuen mit Fürften, die, wenn
fie auch einem falfchen Syfteme dienten, dennoch ein per=
fönliches Gewiffen hatten, die fich felbft auf Gott als die
Quelle ihrer Gewalt beriefen und mit denen man alfo
auch noch im Namen Gottes reden konnte. Jetzt aber
fteht die Kirche dem oben gefchilderten falfchen liberalen
Abfolutismus entgegen, in dem die politifchen Parteien
um den Sieg kämpfen, um dann mit fchrankenlofer Allmacht
unter dem Lügenfcheine der Vollziehung des Volkswillens
zu herrfchen, jenem Abfolutismus, der keinen Gott kennt,
keine Gefchichte, kein erworbenes Recht, keine Pietät, kein
Gewiffen und von tiefem Haffe gegen die katholifche
Kirche erfüllt ift. Die Stellung, die diefer falfche Libe=
ralismus gegen die katholifche Kirche einnimmt, ift fol=
gende: Auf der einen Seite will er als Recht der Staats=
gewalt Alles, was ftaatlicher Abfolutismus, Polizeiregi=
ment, Diplomatie, Verrath jemals der katholifchen Kirche
entriffen hat, festhalten; auf der andern Seite allen
neuen Vereinen, die unter dem Vorwande der Religion
zufammentreten, vollfte Freiheit der Selbftverwaltung ge=
währen. Er nimmt zugleich für die Staatsgewalt das
Recht in Anfpruch, durch Gefetzgebung die innerften Ver=
hältniffe der Kirche zu reguliren und zu ordnen, z. B. die

Beſetzung kirchlicher Stellen, die Bildung der Priester u. ſ. w.
Dieſe Richtung hat ſich vorzugsweiſe in einigen kleineren deutſchen Staaten geltend gemacht; ſie wird aber faſt von der geſammten Preſſe im ſüdweſtlichen und in Mittelbeutſchland mit
der ſchonungsloſeſten Bitterkeit gegen die Kirche unterſtützt.
Keine Frage forbert nun gebieteriſcher eine Löſung
als dieſe. Von ihr wird vor Allem die Geſtaltung der
Zukunft abhängen. Wenn das Unternehmen des ungläubigen Liberalismus gelingen könnte, ſo ſtünden wir vor
einer Zeit der heilloſeſten Kämpfe. Sie würden ſofort
ausbrechen, wenn man erſt barangehen würde, es in größeren Staaten zu verwirklichen. Der Plan dazu liegt ohne
Zweifel vor. Um ſo mehr muß es die Aufgabe der
Katholiken ſein, die wahren Gebanken über das Verhältniß zwiſchen Kirche und Staat ohne Unterlaß klar aus-
zuſprechen. In ihrem Siege läge eine große Garantie für
den Frieden in unſerem deutſchen Vaterlande. Wir wollen
ſie näher betrachten.

Unter der Freiheit der Kirche verſtehen wir das
Recht der Kirche, ihre eigenen Angelegenheiten nach ihren
Grunbſätzen ſelbſt zu verwalten und dabei nur den allge-
meinen Staatsgeſetzen unterworfen zu ſein.

Wir unterſcheiden alſo zwiſchen Kirchenfreiheit und
Privilegien. Die Kirche beſaß in früherer Zeit mancherlei
Privilegien, die ſich aus der Einheit des Glaubens ganz
von ſelbſt ergaben. Sie ſind bei uns ſo gut wie alle ge-
ſchwunden. Die Kirche kann auch ohne ſolche Privilegien
beſtehen. Dabei bürfen aber wieder nicht Privilegien
und wohlerworbene Rechte verwechſelt werden, wie

es jetzt vielfach geschieht. Auf den Schutz wohlerworbener
Rechte hat die Kirche ohne Zweifel denselben Anspruch, wie
jede andere berechtigte Persönlichkeit.

Wir unterscheiden ferner zwischen Kirchenfreiheit und
Unabhängigkeit vom Staate. Die Kirche verlangt in den
Angelegenheiten, die der Staatsgewalt als solcher zukom=
men, ihrer Natur und ihrem Wesen nach, keine Unabhän=
gigkeit vom Staate. Sie leistet dem Staate und seinen
Gesetzen und zwar nicht bloß äußerlich, sondern auch von
Gewissens wegen Gehorsam und verpflichtet dazu ihre Glie=
der; sie erfüllt alle bürgerlichen Pflichten und zahlt ihre
Steuern u. s. w. Sie fordert nur, daß der Staat seine
Grenzen nicht überschreite und nicht in ihr Gebiet feind=
lich und gewaltthätig eingreife.

Die Freiheit der Kirche in diesem Sinne nimmt die
Kirche in Anspruch aus einem vierfachen Grunde.

Die christliche Kirche hat bei dem ersten Auftreten sich
auf einen göttlichen Auftrag berufen. Das Mandat
der Apostel der Welt gegenüber waren die Worte Christi:
„Wie mich der Vater gesandt hat, so sende auch ich euch¹)."
„Gehet hin in die ganze Welt und prediget das Evangelium
allen Geschöpfen²)!" Das ist und bleibt das Fundament der
Kirche. Ob die Menschen sie hören wollen oder nicht, — sie
wird ihre göttliche Sendung vollbringen und fortfahren im
Namen Gottes ihre Lehre den Menschen zu verkündigen. Da=
bei wird die Kirche, wo es nothwendig ist, diejenigen nicht

---

1) Joh. 20, 21.
2) Mark. 16, 15. Vergl. Matth. 28, 19.

fürchten, die keine andere Macht haben, als den Leib zu tödten [1]).

Der zweite Grund, aus dem die Kirche ihre Frei=heit fordert, ist der gesammte Rechtsstand in Europa. So lange es noch ein historisches und ein positives Recht gibt, muß das Recht der Kirche in Deutschland anerkannt werden. Im deutschen Reichsrechte, in allen Constitutionen ist das Recht der katholischen Kirche anerkannt. Unter dieser streng rechtlichen Verpflichtung und Bedingung sind die Theile alter katholischer Diöcesen den meisten Fürsten, die damit entschädigt wurden, zugewiesen. Wenn aber die katholische Kirche das Recht hat zu bestehen, so ist das keine imaginäre Größe, der man jetzt von Seiten moder=ner Kammermajoritäten eine beliebige Verfassung geben könnte, sondern es ist die katholische Kirche, wie sie in der Weltgeschichte dasteht, mit jenen Grundsätzen und jener Ver=fassung, die überall in der Welt als ihr eigenthümliches Wesen erkannt werden. Zum Wesen dieser Verfassung der Kirche gehört namentlich auch, daß die Kirchengewalt im Auftrage Christi von den Nachfolgern der Apostel in ihr geübt wird. Eben in dieser Auffassung liegt ein Grundunterschied zwischen dem Protestantismus und der katholischen Kirche, wie es die Kirchengeschichte unbestreit=bar auf jedem Blatte bezeugt. Eine Verletzung dieses Rechtes ist ein frevelhafter Eingriff in das gesammte hi=storische und positive Recht.

Es ist gewiß eine der bezeichnendsten Erscheinungen

1) Matth. 10, 28.

11

der Gegenwart, daß es bereits landständische Versammlun=
gen geben kann, die diesen Rechtsstand vollständig ignoriren,
und so verfahren, als ob ihnen gegenüber es gar kein
Recht mehr gebe. Trösten kann uns hierbei vor der Hand
nur die Gewißheit, daß die Weltgeschichte über diese eitlen
Versuche rücksichtslos hinwegschreiten wird.

Der dritte Grund, aus dem wir die Freiheit der
Kirche fordern, ist das in der Vernunft und Natur gegrün=
bete Recht der Selbstverwaltung. Hier ist es vor
Allem Aufgabe der katholischen Presse, dem modernen Li=
beralismus seine bodenlose Heuchelei nachzuweisen, mit der
er der christlichen Kirche verweigert, was er ohne Unter=
laß für sich und alle unchristlichen und destructiven Bestre=
bungen der Zeit fordert. Es ist Heuchelei, wenn der mo=
derne Liberalismus Preßfreiheit fordert, für die Ausschrei=
ben der Bischöfe aber eine Präventivcensur im Placet verlangt
und Ausnahmsgesetze in den Strafcodex aufnimmt. Es ist
Heuchelei, wenn der moderne Liberalismus für Privatge=
sellschaften das Recht in Anspruch nimmt, ihre Beamten
selbst zu prüfen und anzustellen; dagegen über die Besetzung
katholischer Kirchenstellen Staatsgesetze erläßt. Es ist Heu=
chelei, wenn der moderne Liberalismus von Vereinsfreiheit
redet; dagegen aber gegen jedes Zusammentreten von Per=
sonen zu frommen Zwecken unter dem Begriff von Klö=
stern mit allen denkbaren, aus Romanen hergenommenen
Schreckbildern auftritt und sie wenn nicht mit Feuer und
Schwert, doch durch polizeiliche Unterdrückung in Verbin=
dung mit moralischem Todtschlag in der öffentlichen Mei=

nung vertilgen will [1]). Wenn wir den modernen Libera=
lismus nicht zwingen können auf Grund des göttlichen
Mandates, aus Furcht Gottes, auf Grund der positiven
Gesetze, aus Rechtlichkeitssinn, der Kirche die Freiheit zu
gewähren, so müssen wir ihn wenigstens nöthigen ehrlich
zu sein.

Wir fordern viertens die Freiheit der Kirche im
Namen aller einzelnen Katholiken, die im Lande
wohnen. Es ist ein schlaues Kunststück des modernen Gei=
stes, jeden Kampf zwischen Kirche und Staat lediglich als
einseitiges Standesinteresse einer kleinen Schaar von Prie=
stern darzustellen, wofür man dann das Stichwort „kleri=
kalisch" erfunden hat. Die Freiheit der Kirche aber ist ein
Anliegen jedes einzelnen katholischen Christen. Daß die
Kirche nicht von weltlichen Beamten, sondern von den Nach=
folgern der Apostel regiert werde, ist das Recht und der
Wille aller Katholiken. In einer Zeit, wo man von Volks=
willen redet, da muß sich auch endlich jener Volks=
wille geltend machen, der im katholischen Volke steckt,
und es muß den Katholiken zum Bewußtsein gebracht wer=

---

1) „Heuchlerische Anwälte einer Freiheit, deren tiefstes Wesen sie
nie begriffen, nie geahnt haben, bestrafen sie die erhabenste That der
Freiheit mit Verbannung. „Welcher Wahnsinn und welche Grausamkeit!
rief schon vor achthundert Jahren der heilige Petrus Damiani. Der
Mensch hat die Befugniß, frei über sein Vermögen zu verfügen, und
sollte die Freiheit nicht haben, sich selbst Gott darzubringen! Er kann
alle seine Güter anderen Menschen überlassen und man verweigert ihm
die Freiheit, seine Seele Gott darzubringen, der sie ihm gegeben hat."
Montalembert, die Mönche des Abendlandes. B. I. S. CCXV.

den, daß es sich hier um ein ganz allgemeines, wahrhaft katholisches Anliegen handelt.

Die Formel für die Ordnung der Verhältnisse zwischen Kirche und Staat: „Die Kirche verwaltet ihre Angelegenheiten selbstständig unter den allgemeinen Gesetzen des Staates," ist innerlich so wahr, so berechtigt, so einfach, daß man wahrhaft erstaunen muß, daß nicht alle Parteien mit Freuden zu ihr ihre Zuflucht nehmen. Von einem innern Gegensatz zwischen Kirche und Staat ist ja gar keine Rede. Es sind beide Anstalten, die in Gottes heiligen Weltplan gehören, in dem Alles die höchste Uebereinstimmung ist. Würde jener Standpunkt ehrlich angenommen, so würden ohne Zweifel fast alle Streitigkeiten zwischen Kirche und Staat unmöglich werden. Es besteht aber eine Partei, die diesen Frieden nicht will, die die freie Kirche und ihre innere Macht fürchtet, und dieser Partei müssen wir mit aller Kraft entgegentreten.

XXV. Bedeutung und Werth der Freiheit der Kirche. Reform.

Ich muß auf den Gedanken, daß die Frage um die Freiheit der Kirche keine Sache eines einseitigen priester= lichen Standesinteresses ist, sondern ein hohes, heiliges Anliegen aller katholischen Christen, hier noch einmal zu= rückkommen.

Kirchenfreiheit und Bestreben der Priester nach größe= rer Macht wird von vielen unserer Gegner identisch genom= men. Die Frage soll nur sein, ob eine Anzahl Rechte von der weltlichen Behörde oder von der geistlichen geübt werde, und das ganze Interesse der Frage lediglich im Ehrgeize und in der Herrschsucht liegen. Katholiken, die ihre Kirche kennen, theilen diese Ansicht in keiner Weise und sind von dem Rechte ihrer Kirche vollkommen überzeugt. Aber auch sie erkennen vielfach nicht im Allerentferntesten die unermeßliche Tragweite dieser Frage, ihren Kern und ihren Sinn. Es ist wichtig, unseren Gegnern zu zeigen, daß wir die Kirchenfreiheit nicht aus Herrschsucht fordern, und es ist wichtig den Katholiken zu zeigen, wie tief und wesentlich ihre heiligsten Interessen dabei betheiligt sind. Wenn unsere

Katholiken das erst erkennen, so werden sie wahrlich nicht so gleichgiltig dareinsehen, wie die Männer, die sie selbst wählen, ihre Kirche mißhandeln und ihr Leben un= terbinden. Das Gesagte will ich in einigen Punkten be= leuchten.

Ein Hauptgegenstand in der Kirchenfrage ist die Be= setzung der kirchlichen Stellen. Nach der Lehre der Kirche geht die Kirchengewalt von Christus auf die Apostel, von den Aposteln auf ihre Nachfolger, von diesen auf die von ihnen geweihten und eingesetzten Priester über. Darin ist die Quelle und die Uebertragung der gesammten Kirchen= gewalt ausgesprochen, eigentlich die ganze Kirchenverfassung. Hiernach ist es Pflicht jedes Bischofes, der kein Verräther sein will, dieses Recht für sich und diese Pflicht für sein Gewissen in Anspruch zu nehmen, und jedes eigene Recht bei Besetzung von Kirchenstellen der weltlichen Macht zu bestreiten. Wenn ein Fürst auch nur bei Einer Pfarrei das Recht hätte die Gewalt, die von Christus kommt, aus seinem eigenen landesherrlichen Rechte zu ertheilen, so wäre damit die ganze Ordnung der Kirche in Frage gestellt. Wenn ein Bischof also dieses Recht vertheidigt, so thuet er es nicht aus Herrschsucht, sondern aus Pflicht.

Er hat aber noch einen anderen Grund. Von der guten Besetzung der Kirchenstellen hängt eigentlich vor Allem das ganze Gedeihen der Kirche ab. In jeder Gesellschaft ist das ja schon wahr, daß sie nicht bestehen kann, ohne tüchtige Diener. Was ist ein Heer ohne gute Führer? und was ist ein Gericht mit treulosen Beamten? Je mehr ein Bischof von seiner Pflicht gegen Gott und gegen das christliche Volk erfüllt ist, desto mehr muß er darnach streben, im Geiste Gottes die Stellen zu besetzen. Die ganze hohe, heilige Stellung des Bischofes in der Kirche ist unterbunden und gelähmt, wenn er nicht die rechten Priester in den Pfarreien zu seiner Seite hat. Und welches tiefe Interesse hat das ganze katholische Volk dabei, die rechten Priester als Pfarrer zu bekommen! Welcher Druck für eine Pfarrei, welche Gefährdung für ihre heiligsten Interessen, wenn sie von einem trägen, dem Weltgeist ergebenen Priester regiert wird! Ein absolut sicheres Mittel gibt es nun freilich nicht, für jede Stelle den würdigsten und besten Priester zu finden, wie die Kirche es will und auch der Bischof kann sich vielfach dabei irren; aber die höchstmögliche Garantie für eine solche Besetzung liegt darin, wenn sie von dem Bischof frei ausgeht unter Beachtung aller Grundsätze der Kirche; und die höchste Gefahr für eine schlechte Besetzung liegt darin, wenn sie von weltlicher Gunst und von den wechselnden politischen Parteien abhängig ist. Kein anderer Einfluß hat die Kirche in ihren Fundamenten so tief beschädigt, als der weltliche Einfluß bei Besetzung ihrer Stellen von Oben bis Unten. Wenn der Staat einen vorwiegenden Einfluß hat bei Besetzung der Kirchenstellen, so liegt in der Wirklichkeit dieser Einfluß in den Händen der Beamten des Staates, der Minister, der Ministerialräthe, Regierungsräthe u. s. w. Selbst beim besten Willen wird es denselben aber nicht gelingen, den rechten Mann zu treffen. Bei einer der Kirche nicht geneigten Stimmung hingegen wird ein solcher Einfluß eine wahre

Pest im Innern der Kirche; es wird dann nicht mehr die persönliche Würdigkeit der Maßstab sein, sondern allerlei Nebenrücksichten, Geschmeidigkeit, gesellige Liebenswürdigkeit, politische Ansichten, oder geradezu unkirchliche der Religion verderbliche Gesinnungen. Wie wird da das Interesse der Gemeinden und der Kirche verletzt? Oder sind nicht in manchen Ländern die Verhältnisse so beschaffen, daß die Frage um die Besetzung der Kirchenstellen in Wahrheit die Frage ist, ob der Bischof oder die Freimaurer den größten Theil der Pfarreien besetzen und die Kirche regieren sollen? Was soll dann aus der Kirche werden, wenn die Feinde der Kirche diejenigen an die wichtigsten Stellen bringen können, die ihnen im Priesterstande in der Gesinnung am nächsten stehen; und wenn sie zugleich durch diese Stellung einen corrumpirenden Einfluß auf den ganzen Priesterstand ausüben können? Alle anderen Kirchenfreiheiten können uns Nichts helfen, so lange nicht die wichtigsten Pfründen mit den würdigsten Priestern besetzt, sondern Miethlinge ihnen vorgezogen werden.

In dieser Beziehung ist auch das Patronatsverhältniß, wie es sich im Verlaufe der Zeit im Widerspruch mit dem Geiste der kirchlichen Gesetzgebung gestaltet hat, vielfach eine große Calamität für die Kirche und bedarf sicherlich einer Revision. Verliehene Rechte wird die Kirche nicht kränken, aber gegen den Mißbrauch in einzelnen Ländern, wo der größte Theil Patronatsstellen sind, muß Fürsorge getroffen werden. Bei der Besetzung von Patronatspfarreien kommen vier Rechte in Betracht, die in rechtmäßiger Ordnung sich geltend machen müssen. Das erste Recht ist

das Recht Jesu Christi, des Urhebers und Vollmachtgebers
in jedem Kirchenamte, daß nur in seinem Geiste die Stelle
besetzt werde. Das zweite Recht ist das Recht und die
Pflicht der Kirche, nach Christi Anordnung sein Mandat
in Besetzung der Stelle zur Ausführung zu bringen. Das
dritte Recht ist das Recht der ganzen Gemeinde,
einen Seelsorger im Geiste Christi und keinen Miethling
zu haben; und dann kommt endlich viertens das Recht des
Patrones, bei dieser Besetzung dadurch mitzuwirken, daß
er der Kirche im Geiste Christi einen würdigen Priester in
Vorschlag bringt. Das Patronatsrecht ist eine Gewissens=
pflicht der ernstesten Art. Im Patronatsrechte aber nur das
letzte Recht anzusehen, es lediglich als einen Vermögenstheil
zu betrachten und dann in einer Weise anzuwenden, wodurch
die Rechte Christi und der Gläubigen gleichmäßig tief
verletzt werden, ist ein entsetzlicher Mißbrauch; nur mehr der
Schein eines Rechtes und in der That ein furchtbares Unrecht.

Welche Reformen wären hier nothwendig, um dem
Geiste der Kirche zu entsprechen! Wie würde sich das
Leben der Kirche entfalten, welchen Segen würde die
Kirche verbreiten, wenn alle Diener der Kirche vom Papste
angefangen, dann alle Bischöfe, dann die Mitglieder der
Capitel, dann die Stellvertreter der Bischöfe, die Ver=
walter der Decanate, dann die so überaus wichtigen
Pfarrer im Geiste der Kirche, ohne unberechtigten frem=
den Einfluß, nach ihren weisen und gerechten Gesetzen,
die sie darüber mit solch' allseitiger Genauigkeit erlassen
hat, frei ernannt werden könnten! Das ist die Kirchen=
frage in einem Punkte, das der Grund, warum wir

für sie mit Begeisterung kämpfen. So tief hängt diese Frage mit dem wahren Wohle jedes einzelnen Katholiken zusammen.

Ich könnte jetzt fortfahren und diesen Gedanken in allen einzelnen Punkten ausführen, die in dem Streite zwischen Staat und Kirche begriffen sind; ich könnte insbesondere nachweisen, wie die Rechte auf die Bildung des Priesterstandes so wohl begründet und die nothwendige Bedingung sind, um der Kirche und dem ganzen christlichen Volke recht wahre, würdige und begeisterte Priester zu bilden; wie so mit der Kirchenfreiheit die Stärkung der christlichen Gesammtheit in Wissenschaft und Leben tief und innig verbunden ist: es würde mich aber diese Abhandlung hier zu weit führen.

Dagegen muß ich zum Schlusse die Behauptung aussprechen, daß, wenn wir um die Kirchenfreiheit ringen, wir es deßhalb thuen, um das Leben der Kirche so viel wie möglich von fremden Fesseln zu befreien und um dann diese Anstalt Gottes in ihrem wahren Geiste, wie Christus sie gestiftet hat und haben will, der Welt darzustellen. Von einer Reform in der Kirche in dem Sinne, daß wir die Anstalt Christi verändern, kann nie die Rede sein; eine Reform aber in der Art, daß die Glieder der Kirche, die Menschen sind, sich immer mehr heiligen, ist die ununterbrochene Aufgabe der Kirche gewesen. Je mehr die Feinde der Kirche sich bemühen, die Kirche Gottes zu bekämpfen, desto mehr ist es unsere Pflicht, unsere Fehler abzulegen, alte Mißbräuche in der Kirche zu beseitigen, alle Selbstsucht und Trägheit zu überwinden, den eigenen schlechten Geist

abzulegen und Christi Geist dafür anzuziehen, die höchste Opfer=
begeisterung mit brennender Seelenliebe zu vereinigen, damit
wir alle Gegner der Kirche, die eines guten Willens
sind, zu der Einsicht bringen, daß manches Böse, was sie
wahrgenommen haben, nicht die Kirche ist, sondern unsere
Armseligkeit, daß anderes Böse, was sie wahrzunehmen
glaubten, gar nicht da ist, daß aber die Kirche selbst in ihren
Lehren und in ihren Gesetzen ganz schön, ganz herrlich,
ganz wahrhaft, ganz göttlich und nur ihrer höchsten Liebe
würdig ist.

XXVI. Freiheit in der Kirche. Kirche und Autorität.

Gegen die bisherige Auseinandersetzung wird man zwei Einwürfe erheben. Man wird e r s t e n s sagen: „Du redest da von freiem Denken, freier Ueberzeugung, freier Selbst= bestimmung zur Wahrheit. Davon kann aber eben bei euch Katholiken keine Rede sein. Ihr müßt ja glauben, was euch die Kirche befiehlt, oder vielmehr, was euch die Bi= schöfe oder Priester sagen. Mag euer vernünftiges Denken damit übereinstimmen oder nicht: ihr müßt es glauben. Ihr seid an die Autorität euerer Kirche gebunden wie an eine Kette. Wenn die Wissenschaft rastlos fortschreitet von einer Erkenntniß zur anderen, liegt ihr gebunden an der= selben Stelle und könnet nicht mit ihr weiter eilen. Ihr dürfet nicht denken, nur gehorchen. Gott weiß, was die Priester noch Alles erfinden werden! — ihr müsset es glauben."

Man wird z w e i t e n s sagen: „Du forderst Selbstver= waltung. Aber davon kann ja bei euch noch weniger die Rede sein; das ist ja vielmehr unsere Forderung. Wir fordern Selbstverwaltung für das Volk, für die Gemeinde;

du nur für die Priester. Das ist aber keine Selbstverwal=
tung, sondern Bevormundung und Priesterherrschaft."

Um die innere Unwahrheit dieser Behauptungen zu
erkennen und ihnen wirksam entgegentreten zu können, müf=
sen wir das Wesen der kirchlichen Autorität darstellen, und
dann den Standpunkt bezeichnen, von dem aus diese Vor=
würfe gemacht werden.

1) In der Kirche besteht eine doppelte Autorität: die
Lehr= und die Regierungs=Autorität, welche letztere wir die
Hirtengewalt nennen. Sie bezieht sich also auf die beiden
Grundkräfte der Seele, auf die Vernunft und den Willen
des Menschen, sie nimmt von beiden Gehorsam in Anspruch;
die Lehrautorität den Gehorsam der Vernunft durch den
Glauben, die Hirtengewalt den Gehorsam des Willens durch
die Uebung der Tugenden des christlichen Lebens.

2) Beide Autoritäten sind durch feste Grenzen beschränkt.
Die Lehrautorität der Kirche bezieht sich ausschließlich nur
auf die Lehre Christi und der Apostel. Christus hat
sich nicht über alle Gebiete menschlicher Erkenntniß und
Wissenschaft ausgesprochen, sondern er hat sich darauf be=
schränkt, einen gewissen Kreis von Grundwahrheiten, ins=
besondere über das Verhältniß der Menschen zu Gott, zu
lehren, die ihnen gewisser Maßen als Leitsterne auf allen
Wegen ihres irdischen Lebens dienen sollten. Die Apostel
haben diese Grundsätze in der ganzen Welt geprebigt und
sind diese Grundwahrheiten des Christenthumes ihrem we=
sentlichen Inhalte nach in den zwölf Artikeln des aposto=
lischen Glaubensbekenntnisses kurz zusammengefaßt; diese
zwölf Artikel bilden heute noch in allen Lehrbüchern der

katholischen Religion den wesentlichen Inhalt dessen, was der Christ im Gehorsam gegen die Lehrautorität glauben muß. Alles Andere auf allen Gebieten der Wissenschaft ist seiner freiesten Forschung überlassen.

Ebenso ist es mit der Hirtengewalt in der Kirche. Sie hat ihr ganz bestimmtes Maaß und ihre Schranken in der Anordnung Jesu Christi und bezieht sich hauptsächlich darauf, die Einrichtung der Kirche selbst, wie Christus sie gestiftet, aufrecht zu erhalten, die Sacramente zu spenden und ihre Glieder zur Uebung der Pflichten des christlichen Lebens anzuhalten. Die ganze natürliche Ordnung ist von ihrer Disposition unabhängig und in jedem wissenschaftlichen Werke über diesen Gegenstand findet man den in der Kirche unbestrittenen Satz, daß auch die höchste kirchliche Gewalt von den Pflichten des natürlichen und göttlichen Gesetzes nicht entbinden kann[1]). Die Kirche ist überall und immer von dem Gedanken erfüllt, daß zwischen ihr und allen Ge= setzen der natürlichen Ordnung, weil beide Werke Eines Gottes, der Einen göttlichen Vernunft sind, kein Wider= spruch, sondern vollendeter Einklang besteht.

3) Das Wesen dieser Autorität bringt es mit sich, daß sie sich durch geistige Mittel geltend macht; sie wendet sich ohne Unterlaß an die Vernunft des Menschen und an seinen freien Willen und fordert diese beiden Seelenkräfte auf, sich freiwillig ihr zu unterwerfen und dadurch Gott

---

1) Dico, Papam non posse dispensare in impedimentis de jure naturae (matrimonium dirimentibus). S. Alphons. de Ligor. Theol. Mor. lib. VI. n. 1120.

die Ehre zu geben, die ihm, dem Menschen, seinem Verstand und seinem Willen gegenüber gebührt.

4) Die Anerkennung irgend einer Autorität auf Seiten des Menschen setzt, wie wir bereits früher gesehen haben, im Allgemeinen voraus, das Dasein einer übernatürlichen Ordnung, einer Wahrheit und eines Gesetzes, die höher stehen, als der menschliche Geist und der menschliche Wille, also insbesondere das Dasein eines persönlichen Gottes, in dem die ewige Wahrheit und das ewige Gesetz wesentlich ruht.

Die Anerkennung der Autorität in der Kirche aber setzt im Besonderen voraus: 1) die Gottheit Jesu Christi, 2) die Stiftung der Kirche durch Christus, 3) eine von Christus in der Kirche angeordnete Autorität, zu lehren und zu regieren, verbunden mit der Verheißung, daß die Kirche in Uebung der Lehrautorität nicht irren könne.

Wenn diese Voraussetzungen vorhanden sind, dann ist die Unterwerfung des Verstandes und des Willens die erste Forderung der Vernunft und der Pflicht, der rechte und edelste Gebrauch, den der Mensch von seinem freien Geiste machen kann und machen muß. Die Verwerfung der Autorität ist dann unvernünftige und strafwürdige Empörung des Menschen gegen den Herrn Himmels und der Erde, eine Empörung, die dann wahnsinniger und unvernünftiger ist, als wenn der Staub die Weltordnung über den Haufen werfen wollte.

5) Wir Katholiken sind nun von dem Vorhandensein dieser Voraussetzungen mit der tiefsten Innerlichkeit unserer

Seele und aus den allervernünftigsten Gründen [1] überzeugt
und darauf gründen wir unseren Glauben, unseren Gehorsam
gegen die Autorität der Kirche.

Wir glauben an die Gottheit Jesu Christi und beten
ihn an, wie der Apostel Thomas: „Mein Herr und mein
Gott! [2];" wir glauben, daß er, der die Ordnung im Weltall
begründet, auch eine Ordnung in der Kirche festgestellt hat;
wir glauben, daß er in diese Kirche seine Lehre und seine
Gewalt niedergelegt hat; daß er ihr den Befehl gegeben
hat, den Menschen seine Lehre zu verkünden, seine Sacramente zu spenden, seine Gläubigen zur Befolgung seiner
Gebote anzuhalten. Wenn auch Menschen, die Apostel des
Herrn und ihre Nachfolger, diese Gewalt üben, so glauben
wir nicht, daß sie deßhalb irgend eine willkürliche Macht
über sie haben. Sie tragen nur die Bundeslade auf ihren
Händen; deßhalb ist aber die Bundeslade nicht ihr Werk,
deßhalb sind die Worte Gottes und das Gebot Gottes in
der Bundeslade nicht ihr Wort und ihr Gesetz. Das Wort,

---

1) Es fordert die katholische Kirche nichts weniger als einen blin-
den Glauben; sie lehrt vielmehr, daß die wahre Religion und Kirche
mit solch evidenten Kennzeichen ihres göttlichen Ursprunges und ihrer
Wahrhaftigkeit ausgerüstet ist, daß jede vorurtheilsfreie Vernunft sich
von deren Glaubwürdigkeit überzeugen kann. Und wenn die Ungläubigen wegen ihres Unglaubens verantwortlich sind, so ist es wahrlich
nicht, weil sie prüfen, sondern weil sie ohne aufrichtige und vernünftige Prüfung der göttlichen Offenbarung den Glauben ver-
sagen.

2) Joh. 20, 28.

das sie tragen, müssen sie selbst zuerst glauben, das Gesetz, das sie verkünden, müssen sie selbst zuerst im Gehorsam befolgen. Weil wir so denken und von dieser Ueberzeugung erfüllt sind, deßhalb unterwerfen wir uns der kirchlichen Lehr= und Regierungsautorität mit tiefster innerlicher Freudigkeit und Selbstbestimmung. Dabei bleiben wir aber noch nicht stehen. Die Kirche, die uns lehrt, daß die Autorität, die sie übt, eine vernünftige sei, fordert uns auf, auch unsere Vernunft fortwährend zu gebrauchen und sie auszubilden. Eben dadurch aber wächst die Innerlichkeit und Freudigkeit unserer Ueberzeugung. Denn je tiefer wir eindringen in die Geschichte, in die Natur und in unsere Seele, desto mehr erkennen wir, wie göttlich unser Glaube ist. Wenn das höchste Gut des Menschen, die Wahrheit, so vielfach der Menschheit ein verschlossener Tempel ist, so sind dem Katholiken die Glaubenslehren seiner Kirche wahrhaft die Schlüssel, durch die er in diesen Gottestempel eintritt, wo er alle wahre Erkenntniß findet und damit den höchsten Frieden und das höchste Glück seiner Seele, wo er endlich den Gott findet, für den seine Seele erschaffen ist, der aber der Welt, wie der Apostel Paulus sagt, der unbekannte Gott ist [1]).

---

1) „Athener! Ich sehe, daß ihr in allen Dingen, ich möchte sagen, übergläubig seid. Denn als ich umherging, und eure Götterbilder sah, fand ich auch einen Altar, auf dem geschrieben stand: „Dem unbekannten Gott." Was ihr nun, ohne es zu kennen, verehret, das verkündige ich euch." Der h. Paulus im Areopag zu Athen. Apostelg. 17, 23.

6) Von dieser Ueberzeugung und diesem Standpunkt gibt die katholische Wissenschaft Jedem ein unwiderlegliches Zeugniß, der nicht absichtlich die Augen verschließen will. Die katholische Wissenschaft ist durchaus einzig in der Weltgeschichte; es gibt Nichts, was nur irgend mit ihr verglichen werden könnte. Sie ist nicht das Erzeugniß Einer Schule, Eines Landes, Einer Zeitperiode, Eines Standes; sie ist recht eigentlich, wie die Weltkirche, so eine Weltwissenschaft; sie umschließt jetzt schon achtzehnhundert Jahre und alle Theile der Welt, und zählt aus allen diesen Jahrhunderten und aus allen diesen Ländern und Völkern eine mit allen Mitteln der menschlichen Wissenschaft ausgerüstete, mit allem Denken der Menschheit vertraute zahllose Menge der würdigsten und heiligsten Männer — und diese alle bekennen einstimmig und mit freudiger Ueberzeugung, daß zwischen ihrem Denken und Wollen und der doppelten Autorität der Kirche kein Widerspruch besteht, sondern im Gegentheil, daß sie, je freudiger sie sich diesen ewigen Wahrheiten und ewigen Gesetzen in der Kirche hingegeben, um so sicherer von einer Erkenntniß zur anderen fortgeschritten seien [1]).

---

1) Wohl kann auch der Unglaube ausgezeichnete Köpfe unter seinen Anhängern anführen, aber abgesehen davon, daß sie weder an Zahl noch an geistiger Größe mit den Anhängern der christlichen Weisheit verglichen werden können, ist der entscheidende Umstand nicht zu übersehen, daß unter den Vertretern des Unglaubens nichts als Zwiespalt und Zweifel besteht, während wir dort bei aller Freiheit der Auffassung einer wunderbaren Einheit in allem Wesentlichen begegnen, die nur aus dem Besitze der Wahrheit sich erklären läßt.

7) Die Berechtigung dieses unsern Standpunktes mag von unseren Gegnern bestritten werden; man mag die Voraussetzungen unseres Glaubens mit allen Waffen der Wissenschaft angreifen; man mag sich Mühe geben, im Schooße der Natur, in den Abgründen der menschlichen Seele, im Verlaufe der Weltgeschichte Etwas aufzufinden, was der vollen Vernünftigkeit unseres Glaubens zu wider= sprechen scheint: die Kirche ist kampfgeübt und kampfge= wöhnt, sie fürchtet sich vor keinem Kampfe, selbst vor den frechsten Spöttern nicht, die unter dem Kreuze angefangen haben ihr Werk zu treiben, als sie den Herrn der Kirche verhöhnten, bis zu den Spöttern unserer Tage herab, die mit derselben Frechheit die Kirche verspotten: jene das Haupt, diese den Leib Christi.

Dagegen ist es unerträglich, wenn ein Theil unserer Gegner sich in unseren Tagen den Schein gibt, als ob uns Katholiken ein freies, wissenschaftliches Forschen verboten sei, als ob unsere Vernunft mit unserem Glauben im Wider= spruch stehe. Das ist ein unverständiges, unwissendes, oder boshaftes Gerede, das aller Wahrheit und Geschichte spottet und nur von blindem Vorurtheil erzeugt sein kann. Solche Stimmen aber erheben sich jetzt nicht nur in dem größten Theil der deutschen Presse, sondern auch in den Versamm= lungen der Stände, wie wir es in diesen Tagen wieder in den Kammerverhandlungen in Württemberg gesehen haben. Das ist ein gerütteltes und gefülltes Maß von Ungerech= tigkeit und Insulten gegen die katholische Kirche.

8) Der Standpunkt aber, von dem die oben aufge= stellten Einwendungen ausgehen, ist der der Läugnung jeder

übernatürlichen Ordnung und damit zugleich jeder berech=
tigten Autorität. Dieser Standpunkt aber ist nicht der der
Vernunft, sondern der der Unvernunft, weil seine Voraus=
setzung unvernünftig und thöricht ist. Er kann natürlich
die Freiheit des Denkens nur auffassen in dem Sinne eines
absolut ungebundenen Subjectivismus; er kann das Prin=
cip der Selbstregierung nur begreifen in dem Lichte
absoluter Volkssouveränetät, und jede freie Anerkennung
einer höheren Ordnung, eines höheren Gesetzes, muß ihm als
Unfreiheit erscheinen. Das steht aber auf allen Gebieten
menschlicher Erkenntniß mit der Wahrheit in Widerspruch.
Der Ton muß sich zum Tone fügen, sonst kann es keine
Harmonie unter den Tönen geben; der Stern zum Sterne,
sonst geht die Ordnung im Weltall zu Grunde; das Glied
muß sich dem Gliede fügen, um das Leben des Körpers zu
erhalten: nur der Geist und der Wille des Menschen sollen
sich nicht mehr frei einer von Gott gegebenen Ordnung ein=
fügen dürfen, ohne die Freiheit des Denkens und Wollens zu
zerstören! So ist der letzte Gedanke einer vernünftigen Au=
torität Vielen bereits entschwunden, und Freiheit ist ihnen
nur mehr der Mißbrauch derselben, eine von wahnwitzigem
Subjectivismus toll gewordene Vernunft und Willenskraft.

9) Uebrigens trägt dieser Standpunkt seine Strafe und
sein Gericht in sich. Der Mensch, dessen ganzes Dasein
von Gott abhängt, und deßhalb auf Autorität gegründet
ist, kann diese nicht läugnen ohne Strafe. Der Sohn des
Evangeliums, der dem Vater nicht dienen will, wird dadurch
nicht frei, sondern verfällt der Knechtschaft und muß die
unreinen Thiere hüten. Das ist das „Entweder — Oder,“

das Gott den Menschen gesetzt hat: Entweder Gott dienen und die von ihm gesetzte Autorität anerkennen, dann gelangen wir zur Freiheit der Kinder Gottes; oder aber die Autorität Gottes verwerfen, dann werden wir nicht frei, sondern verfallen zufälligen, beständig wechselnden menschlichen Autoritäten und endlich der Knechtschaft der Lüge und des Lasters.

Das Streben nach der Freiheit der Kirche hat man vielfach Trennung zwischen Kirche und Staat genannt. In Einem Sinne ist gegen die Bezeichnung Nichts zu er= innern, da ja allerdings eine Sichtung und Scheidung, also Trennung entstandener Confusionen zwischen der kirchlichen und weltlichen Gewalt dadurch erzielt werden soll. An eine Trennung des wesentlichen Verhältnisses zwischen Kirche und Staat hat dabei von katholischem Standpunkt aus Niemand denken können. Auf diese Zweideutigkeit des Wortes haben sich dann aber unsere Gegner mit außeror= dentlicher Geschicklichkeit geworfen, das Mißverständniß als das einzige Verständniß des Wortes aufgefaßt und daraus dann Folgerungen gezogen, die an sich vollkommen unbe= rechtigt und der Kirche wie dem Staate durchaus verderblich sind. Den Forderungen der Kirche hat man geantwortet: Wohlan, man trenne denn, wie es gefordert wird, die Kirche vom Staate und gebe ihr die geforderte Freiheit; dagegen muß dann aber auch erstens der Staat sich vollständig von der Kirche trennen, und sie dann in allen Beziehungen sich selbst überlassen; zweitens muß ebenso die Schule von der Kirche getrennt und ausschließlich als Staatsanstalt behandelt werden. Diese Gegenforderungen sind dann in einer Weise geltend gemacht worden, als ob sie sich durchaus von selbst verstünden, als ob sie logische Consequenzen zugestandener Voraussetzungen wären. Leider haben sich auch Katholiken dadurch vielfach täuschen lassen. Eine kurze Prüfung wird das Verhältniß klar machen, und die Unwahrheit und Arglist dieser anscheinend consequenten Gegenforderungen aufdecken.

Das Verhältniß zwischen Kirche und Staat besteht nicht darin, daß der Staat statt der Kirchenbehörden die Kirchenangelegenheiten verwaltet; es hat vielmehr einen ganz anderen und viel tieferen Grund. Kirchliche Selbstverwaltung ist daher nicht im Entferntesten Trennung zwischen Kirche und Staat. Wenn wir die Rechte der Familie, der Gemeinde, der Corporationen von der absolutistischen Staatsgewalt zurückfordern und für sie in ihrem Kreise Selbstverwaltung beanspruchen, so fällt Niemanden ein, Das eine Trennung der Familie, der Gemeinde, der Corporation vom Staate zu nennen, und daraus zu folgern, daß sich nun auch der Staat von dem Allem trennen müsse. Staat und Kirche können sich ihrem Wesen nach nicht trennen, weil sie in dem großen Weltplan Gottes zusammengehören, sich gegenseitig unterstützen und dadurch die Absichten Gottes zum Heile der Menschen erfüllen sollen. Es ist doch eine überaus oberflächliche Anschauung von dem Verhältnisse zwischen Kirche und Staat, wenn man die Ueberlassung einiger weniger Rechte an die Kirche, die ganz zu ihrem Wesen gehören, eine Trennung nennen will. Es ist das ein leeres Spiel mit Worten, benutzt um die Menschen zu täuschen, und unter diesem Scheine die Kirche und den Staat gleichmäßig zu beschädigen. Wie die Ehe nicht dadurch getrennt wird, wenn der Vater die Geschäfte des Mannes und die Mutter die des Weibes besorgt, so wird das Verhältniß zwischen Kirche und Staat nicht aufgehoben, wenn die Kirchen- und die Staatsgewalt ihre eigenen Angelegenheiten besorgen. Wenn man die Gewährung der Freiheiten, die die Kirche fordert, Trennung nennen will, so ist es eine Trennung, die nothwendig zur Einigkeit führen muß. Es ist unsere tiefste Ueberzeugung, daß durch die Gewährung der Selbstregierung Staat und Kirche nicht getrennt, sondern wahrhaft und bleibend geeinigt werden.

Die Kirche kann und darf sich nicht vom Staate trennen, wie sie sich überhaupt von gar Nichts trennen kann, was von Gott stammt.

Sie muß den Staat ehren als eine göttliche Veranstaltung zum Heile der Menschen.

Sie muß ihre Glieder anhalten, der Gewalt im Staate, so weit sie der göttlichen Ordnung entspricht, wegen Gott gehorsam zu sein.

Sie muß das Wohl des Staates fördern mit allen ihren geistlichen Mitteln, sich über geordnete Staatsverhältnisse freuen und jede Zerrüttung des Staatswesens beklagen.

Sie muß endlich der Welt verkünden, daß wer sich unrechtmäßig der weltlichen Gewalt widersetzt, sich Gott

selbst widersetzt und sich die Verdammung von Gott zu=
zieht [1]).

Ebenso kann und darf aber auch die Staatsgewalt sich
von der Kirche nicht trennen, ohne ihre wesentlichen Pflich=
ten zu verletzen.

Der Staat ist verpflichtet, die Rechte der Kirche zu
schützen, wie die Rechte jedes seiner Untergebenen, und sie
vor jedem ungerechten Angriffe zu bewahren. Die Pflege
der Gerechtigkeit ist die von Gott dem Staate gegebene
Mission und er muß sie gegen Alle üben.

Der Staat ist verpflichtet, die Kirche mit Wohlwollen
anzusehen und ihr zur Erreichung ihrer Zwecke mit Hülfe
zur Seite zu stehen. Auch dieser Theil seiner Aufgabe folgt
aus der Natur der Staatsgewalt und der ihr von Gott
gegebenen Pflicht.

Der Staat ist verpflichtet zu diesem Rechtsschutze und
dieser Unterstützung nicht allein wegen Gott, sondern seines
eigenen Wohles wegen. Wenn er sich von der Kirche trennt
und von dem religiösen Glauben seiner Unterthanen, so
trennt er sich von Gott und zerstört damit sein eigenes
Fundament.

Der Staat ist endlich zu diesem Rechtsschutz und dieser
Unterstützung verpflichtet seiner eigenen Angehörigen wegen.
Diese haben ein Recht darauf, daß die Staatsgewalt ihre
religiöse Gesinnung in ihrem kirchlichen Verbande achte und
ehre und schütze und unterstütze. Der Staat ist kein belie=
biges Abstractum jenseits der Wolken, sondern eine Wirk=

---

1) Röm. 13, 2.

lichkeit, bestimmt zum Nußen der Menschen, die er um= schließt, und eine Trennung von ihren höchsten Interessen ist daher eine Pflichtverletzung der Staatsgewalt.

Was ich aber hier gesagt habe von der Pflicht des Staates, das Recht der Kirche zu schüßen und dieselbe zu unterstützen, verstehe ich nicht allein von der katholischen Kirche, sondern von jeder religiösen Genossenschaft, die von der Staatsgewalt einmal als solche zugelassen ist, und den Anforderungen der natürlichen Sittlichkeit und der Ver= ehrung des Einen wahren Gottes in der früher entwickelten Weise entspricht.

Die jeder gesunden Anschauung von der Stellung zwi= schen Kirche und Staat widersprechende Ansicht, daß der Staat sich von der Kirche trennen könne und sie gänzlich ohne Rechtsschuß und Hülfe sich selbst überlassen dürfe, ist ein bereits weitverbreiteter Irrthum, von einem Theile der Presse und der Volksvertreter getragen, und es thuet daher recht noth, derselben entschieden entgegenzutreten und die Staatsgewalt an ihre Pflichten gegen den Glauben ihrer Angehörigen zu erinnern.

In dem bereits erwähnten Schriftchen hat Guizot im VIII. Kapitel hierüber sehr wahre Gedanken ausgesprochen, welche die ernsteste Würdigung verdienen.

Die sociale Natur des Menschen hat ihren letzten Grund in seinem Verhältniß zu Gott. Aus diesem Grundverhältniß entspringen alle anderen Verhältnisse der Menschen untereinander. Weil der Mensch von Gott vollkommen abhängig ist, deßhalb hat Gott auch sein Leben und die Entwickelung desselben in der mannigfachsten Weise von seinen Beziehungen zu den übrigen Menschen und den anderen Geschöpfen Gottes abhängig gemacht. Der Mensch kann nie für sich allein bestehen, weil er sein Leben nicht aus sich selbst hat; und die zahllosen Wechselbeziehungen zu Andern sollen ihn ohne Unterlaß daran erinnern, daß er nicht in sich selbst die Quelle seines Daseins besitzt. Er ist immer und überall auf Andere hingewiesen, weil er ganz und zuletzt auf Gott hingewiesen ist.

Die höchste Form aller gesellschaftlichen Verbindungen ist aber die geordnete und rechte Liebe. Darum sagt der Heiland: „Du sollst Gott deinen Herrn lieben von deinem ganzen Herzen, aus deiner ganzen Seele und aus deinem ganzen Gemüthe. Dies ist das größte und erste Gebot. Das zweite aber ist diesem gleich: Du sollst deinen Nächsten lieben wie dich selbst. In diesen beiden Geboten besteht

das ganze Gesetz [1]." Die Liebe soll das Band sein, das
Gott und die Menschen verbindet; die auf Wahrheit gegründete Liebe, wie sie uns Christus in ihrer Vollkommenheit gelehrt hat; und diese Liebe soll wiederglänzen in
allen Verbindungen und Vereinigungen, in denen die Menschen untereinander stehen. Alle anderen Verbindungen sollen ein Abbild jener höchsten Verbindung sein und gleichsam dieses göttliche Gepräge derselben an sich tragen.

Die erste Verbindung, in die der Mensch nun hier eintritt, in der er das Leben empfängt, ist die Familie. Sie
ist das erste und nothwendigste Glied in jener Kette wunderbarer Organismen, die das Leben der Menschen umge-
ben. Sie ist daher auch ein besonders treuer Abdruck des
Verhältnisses, in dem der Mensch zu Gott steht. Ein und
derselbe Name ist es, mit dem Gott seine liebevollste Beziehung zu den Menschen ausdrückt und den auch das Haupt
der Familie trägt. Gott will der Vater aller Menschen sein
und als sein Stellvertreter in der Familie soll das Haupt
derselben auch diesen seinen Namen tragen. Das offenbart
uns die hohe Würde und Bedeutung der Familie.

Die Familie ist aber zugleich auch der natürliche Grundpfeiler, auf dem sich die Kirche und der Staat auferbaut;
das Gedeihen beider hängt daher wesentlich ab von dem
Gedeihen der Familie.

Wir haben schon gesehen, welche Bedeutung die Familie für unsere deutschen Voreltern hatte. In dem Zustande
der Familie lag der tiefste Gegensatz zwischen jenem Heiden-

---

1) Matth. 22, 37.

thum, das sich in sittliche Corruption auflöste und zu Grunde ging, und jenem Heidenthum, das sich dem Lichte des Christenthumes aufschloß und alle Segnungen von ihm empfangen sollte.

Die Familie ist ferner die erste und nothwendigste Erziehungsanstalt. Sie ist die von Gott selbst gegründete Schule, die unendlich wichtiger ist, als alle anderen Schulen, die die Menschen gründen. Die guten und bösen Keime, die das Familienleben in die Seelen der Kinder legt, wachsen später heran und tragen ihre guten oder verderblichen Früchte. In der Familie wächst das Kind an Leib und Seele und deßhalb verwächst auch mit ihm das Gute und das Böse, das die Familie ihm bietet. Ist das Wachsthum erst vollendet, dann bleiben die späteren Eindrücke mehr äußerlich.

Die Familie ist endlich wahrhaft auch „von Gottes Gnaden" und in ihr besteht eine Gewalt, die von Gott ist. Von ihr redet die heilige Schrift an zahllosen Stellen und Gott hat den Pflichten gegen die Eltern unter den Geboten, die sich auf die Menschen beziehen, sogar den ersten Platz eingeräumt. So ist die Familie neben dem Staate und der Kirche die dritte Anstalt, in der eine von Gott begründete Ordnung, in der eine von Gott begründete Gewalt besteht.

Die Freiheit des Hauses und der Familie besteht nach dem Grundbegriff, den wir von Freiheit aufgestellt haben, darin, daß die Familie ohne fremde Einmischung ihre Angelegenheiten selbst leite, lenke und ordne, und daß insbesondere die väterliche Gewalt sich nach ihrer Natur und Wesenheit frei bewegen könne. Auch hierbei versteht es sich von selbst, daß die Freiheit der väterlichen Gewalt nicht als eine unbeschränkte aufgefaßt werden darf. Sie darf nicht in andere Rechte eingreifen, namentlich also auch nicht in die Rechte der Kirche, des Staates und der eigenen Kinder. In ihrem natürlichen Kreise dagegen ist die väterliche Gewalt heilig und unverletzbar und eine Beschränkung derselben ein tiefer Eingriff in Gottes Ordnung.

Der Absolutismus hat nun auch die Familie nicht verschont, und wie er seiner Natur nach Alles leiten und lenken will, so hat er auch in das Haus Eingriffe gemacht und die wesentlichsten Rechte der Eltern und der väterlichen Gewalt verletzt. Hierher gehören insbesondere jene Bestimmungen der Staatsgewalt über die Erziehung der Kinder in gemischten Ehen, wodurch der Wille der Eltern selbst dann beschränkt wird, wenn sie miteinander übereinstimmen. Vor Allem aber wird das Recht der Eltern und der väterlichen Gewalt tief verletzt und beeinträchtigt durch eine solche Einrichtung der öffentlichen Schulen, die das Gewissen und die religiöse Ueberzeugung der Eltern verletzt, namentlich dann, wenn zugleich auch Schulzwang damit verbunden ist. Da wir diesen Gegenstand aber später noch besonders behandeln, so wollen wir hier nicht weiter darauf eingehen.

Es muß daher um so mehr unsere Aufgabe sein, für die Freiheit des Hauses, für die Rechte der väterlichen Gewalt mit Entschiedenheit und Ausdauer einzutreten, je feindseliger der Zeitgeist gegen Haus und Familie ankämpft. Diese Richtung gehört zu den Grundzügen desselben. Der Zeitgeist haßt das organische Leben und daher auch nothwendig die Familie. Er will nicht die Societät, sondern die Maschine. Er löst alle natürlichen Verbinbungen auf, um nur noch Individuen sich gegenüber zu haben. Wenn wir dem gegenüber das Haus und die Familie vertheidigen, so vertreten wir die Rechte der Vernunft, die ehrwürdigsten Ueberlieferungen deutschen Wesens, eine vom Christenthum mit allen Segnungen erfüllte Anstalt, eines der werthvollsten Güter der Menschheit.

XXIX. Die Ehe, — ihre Unauflöslichkeit, — Civilehe.

Wie die Familie die natürliche Grundlage der Kirche und des Staates ist, so ist wiederum die Ehe die Grundlage der Familie. Alles, was die Ehe befestigt und stärket, befestigt und stärkt auch das Haus und die Familie; Alles, was die Ehe beschädigt und erschüttert, beschädigt und erschüttert Haus und Familie.

Schon bei den alten Germanen ruhte das feste Familienleben auf den erhabenen Grundsätzen, die sie von der Ehe hatten. Die heilige Ordnung, welche Gott ursprünglich diesem Verhältniß gegeben, hatten sie sich in ihren wesentlichen Theilen bewahrt. Die Vielweiberei war bei ihnen fast unbekannt und von der Festigkeit des ehelichen Bandes hatten sie einen so hohen Begriff, daß das Weib nach dem Tode ihres Mannes nicht mehr in eine andere Ehe eintrat.

Das Christenthum hat aber die Ehe wieder in ihrer ganzen von Gott ihr gegebenen Bedeutung hergestellt und sie gegen alle bösen Neigungen und Leidenschaften des menschlichen Herzens in Schutz genommen. Es kann nichts Erhabeneres gedacht werden als die Ehe im Geiste der Kirche

und es gibt nichts Wohlthätigeres auf Erden als eine Fa=
milie, gegründet auf diese Idee von der Ehe. Wenn die
Ehe geschlossen würde allüberall im Geiste des Christen=
thums und der Kirche, und wenn die Grundsätze des Chri=
stenthums sie belebten und erfüllten, so wäre damit allein
ein großer Theil alles irdischen Elendes von der Erde ver=
schwunden. Die Erbauung und Vervollkommnung der Ge=
sellschaft muß von unten hinauf und nicht von oben
herab in Angriff genommen werden. Mit dem Fundamente
muß man beginnen das Haus zu bauen, und mit den ersten
Elementen die geistige Ausbildung des Kindes. Das Fun=
dament für die Weltordnung ist die christliche Ehe. Das
wird jetzt so sehr verkannt. Man vergißt die Grundlagen
der wahren Wohlfahrt und glaubt mit allgemeiner Welt=
politik diese Grundlagen ersetzen zu können. Menschen,
welche selbst die Ehe mit Füßen treten, welche die Gesetze
der Familie verachten, wollen dann den Staat und die
Welt ordnen!

Die beiden Hauptgrundsätze, auf denen das Wesen der
christlichen Ehe beruht, sind aber die Einheit zwischen Mann
und Frau und die Unauflösbarkeit des Ehebandes. Wie
sehr insbesondere die Unauflöslichkeit zum Wesen der Ehe
und ihrer eigentlichen natürlichen Aufgabe gehört, erkennen
wir schon, wenn wir an ihre Bestimmung denken, eine
möglichst vollendete Anstalt für die Erziehung des Menschen,
mit allen Bedürfnissen, mit denen uns derselbe in seiner
Jugend entgegentritt, zu sein. Eine solche Anstalt ist die Ehe
vollkommen nur dann, wenn sie unauflöslich ist. Der Mensch ist
nicht nur in seinem späteren Leben von den Leidenschaften seiner

Mitmenschen bedroht, gegen die ihn die Gerichte schützen
können, er ist noch viel mehr von den schrecklichsten Leiden=
schaften bedroht in den ersten Anfängen seines Daseins
und bis dahin, wo er aus der Familie tritt. Welche Ver=
brechen können da nicht an dem Menschen geübt werden!
Wenn ich von allen anderen schweigen will, die kein mensch=
licher Mund aussprechen darf, obwohl sie einst alle von
Gott werden gerichtet werden — wie viele Mißhandlungen
erfahren nicht zahllose Kinder von Eltern, die schlechten
Leidenschaften dienen? Nur wenn die Ehe heilig gehalten
wird, wenn alle bösen Leidenschaften von ihr ferne bleiben,
wenn die Eltern selbst ihr Herz erziehen und bilden an
dem erhabenen Gedanken der Unauflösbarkeit der Ehe, nur
dann ist ein Familienleben möglich, wie es Gott dem Men=
schen zu seiner Erziehung bestimmt hat. Und hier möchte ich den
gewiß wahren Gedanken aussprechen, daß obwohl das pro=
testantische Dogma die Ehescheidung zuläßt, dennoch alle
wahrhaft christlichen protestantischen Eheleute ganz von dem
Gedanken der Unauflöslichkeit ihrer Verbindung erfüllt sind;
daß sie so denken, fühlen, leben, als ob es keine Trennung
vom Bande für sie gebe.

Wenn dagegen die Trennung der Ehe erleichtert wird,
so wird die Ehe ein Kampfplatz böser Leidenschaften auf
Kosten der Familie und auf Kosten der armen Kinder.
Man redet von der Grausamkeit, Menschen durch das Ehe=
band zusammenhalten zu wollen, die durch die Liebe nicht
mehr verbunden sind, und man vergißt die entsetzliche Grau=
samkeit, die an den Kindern geübt wird, wenn man bei
der Ehe nur an die Leidenschaften der Eltern denkt und

wie sehr man das allgemeine Beste gefährdet, wenn man um einzelner unglücklicher und selbstverschuldeter Ausnahmen willen die hohe Idee der Institution selbst aufgibt. Gott hat das Leben der Kinder an die Ehe gebunden und deß= halb sind die Eltern, die nicht die Grundsätze der Natur verläugnen wollen, schon durch die Natur verpflichtet, sich diejenigen Bedingungen aufzulegen, die die nothwendigen Voraussetzungen sind, wenn das Leben den Kindern eine Wohlthat sein soll.

Auflöslichkeit der Ehe und Civilehe sind nicht identische Dinge. In Frankreich, wo 1829 die Trennung vom Bande aufgehoben wurde, besteht Civilehe und dabei Unauflöslich= keit des Bandes; das protestantische Deutschland hat keine Civilehe, wohl aber die Auflöslichkeit der Ehe. Nichts desto weniger stehet beides in einem engen Zusammenhang. Nicht bloß, daß leichtsinnigen oder irreligiösen Katholiken durch Einführung der Civilehe die Trennung ihrer Ehen und die Schließung neuer Verbindungen im Widerspruch mit den Gesetzen ihrer Kirche und den Dogmen ihres Glau= bens ermöglicht wird, hat offenbar das Rufen nach Civil= ehe, wie es heut zu Tage vernommen wird, seinen Grund in dem Verlangen nach möglichster Entchristlichung der Ehe und damit der Familie, in jener heillosen Auffassung der Ehe als einer rein bürgerlichen Institution. Wohl weiß ich, daß man zur Unterstützung dieses Begehrens die Ge= wissensfreiheit anführt; allein offenbar kann der Staat die Gewissensfreiheit gar nicht vollkommener achten und anerken= nen, als wenn er, abgesehen von dem ehelichen Güterrechte, das hier nicht in Betracht kommt, Jeden in Ehesachen nach

13*

dem Gesetze seiner Religion und Kirche beurtheilen läßt. So lange Jemand Glied einer Kirche ist, kann er sich nicht beklagen, wenn er nach den Grundsätzen der Religion, die er selbst bekennt, beurtheilt wird. Leichtfertige in der ge= wissenlosen Uebertretung der heiligsten Gesetze ihrer Kirche zu schützen, kann doch gewiß nicht die Aufgabe des Staates sein. Was wir aber noch besonders hervorheben wollen, ist der Umstand, daß der Ruf nach Civilehe mit dem Geiste und dem Willen unseres deutschen Volkes im Widerspruch steht. Schon ehe es christlich war, hat unser Volk die Ehe als eine heilige religiöse Sache betrachtet und die Reinheit und Innigkeit seines Familienlebens hing wesentlich mit dieser Auffassung zusammen. Durch das Christenthum ist diese seine Auffassung von der Ehe nur unendlich bestärkt und geheiligt worden. So ist es durch alle Jahrhunderte un= serer Geschichte geblieben. Selbst die Glaubensspaltung hat daran nichts geändert; auch die Protestanten hielten den religiösen Charakter der Ehe fest. Und so ist es heute noch, — unser deutsches Volk will nicht die Civilehe. Im Vergleiche zu der unendlichen Mehrheit, zu dem wahren Kerne unseres deutschen Volkes, ist es nur eine kleine Min= derheit städtischer Bevölkerungen und auch hier oft mehr aus Vorurtheil und Mode, als aus klarer Einsicht und innerer Ueberzeugung, die in diesen künstlich hervorgebrach= ten Ruf nach Civilehe einstimmen. Auch hier haben wir ein Beispiel, wie wenig der falsche Liberalismus das deutsche Volk repräsentirt, seinen Sinn kennt, seinen Willen und seine Ueberzeugungen achtet.

Die Bewegung zur Einführung der Civilehe erscheint

mir daher als eine der unseligsten, die zum Verderben der Menschen durch die Welt geht und ich erachte es als eine Pflicht aller Katholiken, im Namen des deutschen und des christlichen Volkes einmüthig ihre Stimme dagegen zu erheben.

XXX. Haus, Staat, Kirche.

1) Haus, Staat und Kirche sind die drei Anstalten, in denen der Mensch hier auf Erden sein Leben beginnt, fortsetzt und vollendet. Sie sind Gottesanstalten, d. h. von Gott gegründet und, ihrem Wesen nach, unabhängig von menschlichem Willen, so daß er ohne sie seine wahre menschliche Bestimmung nicht erreichen kann.

2) Weil alle drei Anstalten von Gott sind, so können sie auch ihrem Wesen nach sich nicht widersprechen.

3) Das Wesen dieser drei Anstalten ist von Gott bestimmt theils in der von ihm gegründeten natürlichen Ordnung der Dinge, theils durch seine übernatürliche Offenbarung.

4) Die besondere Einrichtung und Form ist jedoch zum Theil dem Willen und der Bestimmung der Menschen überlassen, die zu dem Ende mit Vernunft und Freiheit begabt sind.

5) Diese menschlichen Einrichtungen werden nach Zeit, Ort und Umständen verschieden sein und dürfen es sein, wenn sie nur das Wesen, nämlich die göttliche Ordnung der Natur und den ausdrücklichen Willen Gottes nicht verletzen.

6) Damit sie aber dieses Wesen nicht verletzen, muß in den Einrichtungen jedes einzelnen Verhältnisses die Rücksicht niemals aus den Augen gesetzt werden, daß es nicht das einzige Verhältniß des Menschen sei, sondern daß alle Menschen auch den beiden übrigen auf gleiche Weise angehören.

7) Folglich dürfen die Einrichtungen in keinem Falle so beschaffen sein, daß dadurch in die eigenthümliche und wesentliche Sphäre der beiden übrigen Verhältnisse eingegriffen oder der Willkür ein Spielraum gelassen wird.

8) Vielmehr müssen die Sphären wohl gesondert und es muß durch Ordnung, Gesetz und Uebereinkunft bestimmt sein, wie weit eine jede in ihren Rechten und Befugnissen gehen dürfe, und wo sie die Rechte und Befugnisse der übrigen anzuerkennen und zu achten habe.

9) Nichts desto weniger aber soll diese Sonderung keineswegs ein widerwilliges, nothgedrungenes und mit Sorgen und Mißtrauen abgeschlossenes und bewachtes Abkommen, sondern vielmehr eine freie, liebreiche und vertrauensvolle Einigung sein, durch welche jeder Theil nicht nur die Unentbehrlichkeit der übrigen anerkennt, sondern auch seinen Antheil an ihren Interessen und ihrer Wirksamkeit bezeigt und seinen helfenden und fördernden Beistand zusagt.

10) Am wenigsten ist eine gänzliche Trennung dieser Verhältnisse in solcher Art gedenkbar, daß die Kirche darauf verzichten sollte, ihren Einfluß auf ihre Glieder auch dahin zu üben, daß sie in ihren Beziehungen zu Staat und Haus die ihnen von Gott auferlegten Pflichten erfüllen, oder der

Saatt bei seinen Einrichtungen oder Gesetzen keine Rück=
sicht nehmen wollte auf die häuslichen Interessen oder auf
die religiösen Begriffe und Bedürfnisse seiner Bürger; oder
endlich gar das Haus in seinen häuslichen Anliegen sich
lossagen dürfte von den Gesetzen des Staates oder den
Vorschriften der Religion.

Ich entnehme diese Worte einem goldenen Büchlein,
welches der selige Beckedorff im Jahre 1849 geschrieben
hat[1]), und freue mich meine Hochachtung vor diesem selte=
nen Manne so kund geben zu können. Ich finde ihnen Nichts
beizusetzen, da sie das Verhältniß dieser drei Gottesanstalten,
von denen das Wohl der Menschen abhängt, unvergleichlich
schön und wahr aussprechen.

---

1) Das Verhältniß von Haus, Staat und Kirche zu einander und
zur Schule. Berlin 1849.

XXXI. Schule. Unterrichtsfreiheit, ihr Umfang und ihre Bedingungen.

Keine Frage ist für die Zukunft wichtiger als die über die rechte Stellung der Schule; keine von dem besseren Theile der Bevölkerung bisher weniger verstanden. Das ist eben die unselige Folge des Centralisirens und Allregierens, daß sie den Menschen das rechte Verständniß und die rechte Einsicht in die wichtigsten Angelegenheiten entzieht. Das gegenwärtige Geschlecht ist daran gewöhnt sich willenlos wie von einem unabwendbaren Schicksal den Anordnungen der Schulbehörden zu überlassen. Je mehr aber die Besseren, die Berechtigten, also vor allem das Haus, die Eltern, sich entwöhnen, einen Einfluß auf die Schule geltend zu machen, um so mehr suchen dann die Parteien, die Factionen, selbstsüchtige Interessen sich ihrer zu bemächtigen und sie ihren Zwecken dienstbar zu machen. Das ist unsere jetzige Lage. Wenn wir Diejenigen betrachten, die jetzt öffentlich die S c h u l f r a g e behandeln und auf neue staatliche Organisationen des gesammten Schulwesens dringen, so sind es nicht die Stimmen der Eltern, die da laut werden und mitreden über die Erziehung und Bildung ihrer

Kinder, sondern es sind politische Parteien, es sind die Ver=
treter abstracter Schulmeinungen, es sind einzelne dem Glau=
ben entfremdete Lehrer, die ihre Ansichten und Interessen zur
Anwendung bringen wollen. Den drei Anstalten: Haus,
Staat, Kirche will man entgegenstellen: Staat, Kirche und
Schule. Die Schule soll selbstständig organisirt werden und
lediglich eine Staatsanstalt sein, die Kirche aber vom Staat
und der Schule getrennt werden.

Dem gegenüber ist es nun eines der allerdringendsten
Zeitbedürfnisse, daß die Katholiken und vor Allem die ka=
tholische Presse sich über die rechtmäßige Stellung der
Schule klar werden, um dann nach Einem Plane und mit
vereinten Kräften für sie aufzutreten. Insbesondere ist es
nothwendig, die Eltern an ihre Rechte und ihre Pflichten
bezüglich der Schule zu erinnern und sie zum gemeinsamen
Kampf gegen jene Bestrebungen aufzufordern. Es muß den
Eltern wieder zum Bewußtsein kommen, daß es keine heili=
geren Rechte und keine heiligeren Pflichten auf Erden gibt,
als die ihrigen bezüglich der Schule sind; und daß sie das
Glück ihrer Kinder auf die strafwürdigste Weise gefährden,
wenn sie bei Ordnung der Schulverhältnisse ihre Rechte
nicht geltend machen.

Wir wollen die Gefahr, die uns aus der bezeichneten
Richtung droht, zuerst näher ins Auge fassen und dann die
wahren Grundsätze über die Stellung der Schule aus=
sprechen.

Eine Elementar= oder Volksschule, wie sie jetzt
besteht, kannte man nicht im heidnischen Alterthum. Es
bestand damals unbedingteste Lehr= und Lernfreiheit. Jeder,

ber fich felbft belehren ober feine Familienglieder belehren laffen wollte, fonnte nach der freieften Wahl fich den Leh= rer ausfuchen. Daneben beftanden nur einzelne höhere öffentliche Schulen, die mehr ober weniger mit dem Staate in Verbindung ftanden.

Unter den germanifchen Völkern wurde die Kirche die Mutter und Stifterin der Schulen. Wo im= mer fie fich niederließ, da gründete fie Schulen aller Art und zog die Kinder aus allen Ständen an fich, um ihnen eine höhere Bildung zu geben. Schulzwang und Steuern, um Schulbedürfniffe zu befriedigen, kannte man nicht im chriftlich=germanifchen Zeitalter. Die Schul= mittel wurden freiwillig zufammengebracht, die Eltern ein= geladen, ihre Kinder freiwillig in die Schule zu fchicfen. Um fo ftaunenswerther waren die Refultate. Insbe= fondere waren die Klöfter überall Pflanzftätten herrlicher, blühender Schulen. Kaum hatten die Mönche in die wilbe= ften Einöden ihren Fuß gefeßt und bort ihre Hütte aufge= fchlagen, fo umlagerten fie auch fchon große Schaaren der auserlefenften Jünglinge aus den deutfchen Volks= ftämmen, um bei ihnen Weisheit und Wiffenfchaft zu lernen. Hundert Jahre nachdem die Mönche die Reichenau, wo bis dahin kein Menfch wohnen fonnte, betreten hatten, war bort ein Klofter, in dem fünfhundert Jünglinge aus allen allemannifchen Stämmen ftubirten und eine Gefammt= unterrichtszeit von fechzehn Jahren ihrer Ausbildung wib= meten[1]. So war es allüberall. Die Mönche bebauten

---

1) Leben und Wirfen des heiligen Meinrad. Feftfchrift zur taufend= jährigen Jubelfeier des Benediftiner=Klofters Maria=Einfiedeln. 1861.

mit der einen Hand die Erde, lichteten die Wälder und pflegten jede Art von Cultur, mit der andern aber die Seelen unserer deutschen Voreltern und pflanzten in diesen guten Boden die himmlische Pflanze des Christenthumes. Bis gegen Ende des Mittelalters waren in den Ländern, die das Christenthum ohne alle Cultur angetroffen hatte, zahllose Schulen aller Art verbreitet, und ein unermeß= liches Schulvermögen angesammelt. Auch die Universitäten sind ursprünglich Töchter der Kirche und eine solche geistige Regsamkeit war damals durch die Kirche verbreitet, daß z. B. auf der Universität zu Bologna 10,000, und etwa um die gleiche Zeit, unter Heinrich III., auf der zu Oxford 30,000 Studenten gezählt worden sein sollen [1]).

Auch nach der Reformation blieb im Ganzen dieses Verhältniß bestehen. Die Schule wurde im Westphälischen Frieden als annexum exercitii religionis, als ein nothwen= diger Bestandtheil freier Religionsübung angesehen. Ob= wohl aber die Kirche factisch den größten Theil der Schu= len gestiftet hatte, so hatte das doch nicht eigentlich die Bedeutung, als ob nur sie Schulen ausschließlich gründen dürfe. Auch die Reichsgewalt wirkte mit, z. B. durch An= erkennung der Universitäten, und im Grunde bestand vielmehr noch die Lehr= und Lernfreiheit, wenn man auch der vielen Schulen der Kirche wegen keine Veranlassung fand, in ausge= dehnter Weise davon Gebrauch zu machen. Dagegen konnte man sich eine berechtigte Kirche ohne Recht Schulen zu ha=

---

1) S. Hurter: Innocenz III. B. IV. S. 596.

ben, nicht denken. Das galt für Katholiken wie für Pro=
testanten.

In dem Maße aber, als der staatliche Absolutismus
sich geltend machte, insbesondere seit dem achtzehnten Jahr=
hundert, kam mehr und mehr die Ansicht auf, daß die
Staatsgewalt auch das ganze Unterrichtswesen leiten und
beherrschen müsse, und als endlich das alte deutsche Reich
zusammenbrach und die Idee des allgewaltigen Staates
ihren Höhepunkt erreicht hatte, da nahm man ohne Wei=
teres für die Staatsgewalt das Recht in Anspruch, allein
den Unterricht zu leiten und Schulen zu gründen. In den
Elementarschulen, denen die Eltern noch unmittelbar am
nächsten standen, und in denen auch die Zugehörigkeit zur
Kirche am Meisten hervortrat, konnte sich dieses Princip
nicht volle Bahn brechen. Die Maximen des modernen
Staates und die Macht der Wirklichkeit und der Thatsa=
chen liegen da bis heute in einem inneren Widerspruch,
den man bald so, bald anders zuzudecken suchte. Von den
mittleren und höheren Schulen nahm dagegen die Staats=
gewalt unbedingt Besitz und seitdem leitet der Unterrichts=
minister in jedem Staate das gesammte Bildungswesen des
Landes, wobei jedoch in der Theorie eine Rücksichtnahme
auf Haus und Kirche nicht ausgeschlossen war.

Jetzt aber soll diese Rücksicht beseitiget und eine Schule
ohne Haus und ohne Kirche als reine Staatsanstalt einge=
richtet werden. Der liberale Absolutismus will das Werk
des monarchischen Absolutismus bereinigen und vollenden.
Der Staat allein darf lehren oder, da der Staat als sol=
cher nur ein Begriff ist, Der, welcher ihn vertritt, der Un=

terrichtsminister, der unfehlbar ein Schulmann sein muß. Der Unterricht, die Erziehung, die Bildung soll ein Monopol werden, und zwar ein Monopol des Lehrerstandes. In diesem Systeme sind es nicht mehr die Eltern, welche die Bildung und Erziehung ihrer Kinder leiten, sondern die Lehrer haben allein dieses Geschäft und brauchen sich dabei um den Willen der Eltern nicht mehr zu kümmern. Diese haben nur noch die Pflicht, für den Leib ihrer Kinder zu sorgen und den Gehalt der Lehrer zu bezahlen; im übrigen ist es der bis oben hinauf organisirte Lehrerstand, der über die Ausbildung der Kinder entscheidet.

Dieses System, das auf Verwirklichung bringt und vielleicht in den nächsten Jahren auf eine gegebene Parole in allen Ständeversammlungen als eine absolute Forderung der Bildung, der Aufklärung, des modernen Staates geltend gemacht werden wird, ist nun der Absolutismus in seiner scheußlichsten und verderblichsten Form.

Schon der jetzige Zustand ist weit verderblicher und unerträglicher, als man es vielfach erkennt und verletzt tief die Rechte der Eltern, wie auch die Rechte der Kirche. Es ist ja leicht zu erkennen, wie sich die beiden Heerlager bilden, in denen jetzt die Menschen getrennt sind. Was die Familie bildet, gehört noch vorwiegend dem Christenthume an; was die mittlere und höhere Schule bildet, ist schon großentheils dem modernen Unglauben zugefallen. Die Familie ist noch wesentlich christlich, das Haus vorwiegend nach den Grundsätzen des Christenthumes eingerichtet, die Kinder, so lange sie im Hause sind, wachsen auf in den himmlischen Gedanken und Gefühlen des Christenthumes und in christlichen Lebensgewohnheiten; selbst der Mann, wenn er aus dem öffentlichen Leben, wo er vielleicht die unchristlichsten Bestrebungen unterstützt, nach Hause zurückkehrt, unterwirft sich da den Gesetzen des Christenthumes und fordert zum Theil selbst deren Beobachtung von seinen Hausgenossen. Dieser Grundpfeiler steht noch und hält die Gesellschaft, wenn er auch schon vielfach erschüttert ist. Das öffentliche Leben aber ist vorwiegend unchristlich, ungläubig und dieses ist hervorgegangen a u s u n s e r e n S c h u l e n. Man kann es als Princip aufstellen, daß je mehr die Menschen ihre Bildung aus dem Hause empfangen haben, sie um so christlicher, je länger sie aber alle Stufen der öffentlichen Lehranstalten durchlaufen, sie um so unchristlicher sind. Das öffentliche Leben wird beherrscht von der Presse, die moderne Presse ist aber gebildet von der modernen Schule. Schon im Jahre 1848 ist es bemerkt worden, daß eine große Anzahl junger Leute, die später mit Schwert und Feuer verfolgt wurden, eben nur das gethan hatten, w a s s i e v o n d e n L e h r e r n, die der Staat angestellt hatte und die ihre armen Eltern bezahlen mußten, g e l e r n t h a t t e n. Sie unterschieden sich von ihren Lehrern nur dadurch, daß sie ehrlicher und muthiger waren und ihre falschen Grundsätze nicht nur in ihrem Collegienheft, sondern in einem lebendigen Herzen trugen. Viele Eltern sind in der Lage, daß sie, wenn die Kinder aus dem Hause für die höheren Schulen entlassen werden, dieselben beinahe mit Gewißheit dem Unglauben übergeben. Schon jetzt ist die Schule in einem solchen Widerspruch zum Hause und zur Kirche, daß man oft ganze Landstriche findet, wo

unter den Lehrern an den mittleren und höheren Schulen
vielleicht nur wenige sind, die an die Gottheit Christi glau=
ben; während es doch die erste Pflicht der Staatsbehörden,
die den Unterricht leiten, gewesen wäre, die Schulen nicht
nach ihrem Geiste zu leiten, sondern nach dem Geiste und
Gewissen der Eltern, für deren Kinder die Schulen einge=
richtet worden. Das ist vielfach nicht geschehen und war
ein tiefer Eingriff in die Rechte der Eltern.

Nun aber soll dieses Verfahren auf seinen Höhepunkt ge=
bracht, die Schule soll im Princip vom Hause und dem Ge=
wissen der Eltern wie von der Kirche abgerissen werden, und
von den wechselnden Ansichten, die dann zufällig in den Schul=
behörden herrschen, wird es dann zukünftig abhängen, nach
welchen Grundsätzen man unsere Kinder behandeln und bilden
wird. Wenn es daher jemals eine Angelegenheit gegeben
hat, bei der Alle betheiligt sind, so ist es die der neuen
Schulorganisationen, die uns bevorstehen. In jedes katho=
lische Haus sollte man in dieser Zeit ein katholisches Blatt
täglich hineintragen, wo auch diese Frage behandelt wird,
um es unseren Eltern, die ihre Kinder innig lieben, zum
allerlebendigsten Bewußtsein zu bringen, um wie große In=
teressen es sich hier handelt, und wie sehr sie verpflichtet sind,
im Namen der elterlichen Gewalt ihre Rechte an der gei=
stigen Bildung ihrer Kinder geltend zu machen. Wenn wilde
Thiere ihre Jungen vor den feindlichen Angriffen verthei=
digen, um wie viel mehr müssen dann unsere christlichen El=
tern die Seelen ihrer Kinder, die Gott zuerst ihnen über=
antwortet hat, vor diesen Angriffen des organisirten Un=
glaubens in dem gesammten Schulwesen bewahren.

Nachdem wir bisher den Zustand und die Gefahren bezüglich der Schulfrage in der Gegenwart behandelt haben, wollen wir jetzt dazu übergehen, die Grundsätze über die Stellung der Schule darzulegen, von denen wir glauben, daß sie der Vernunft und dem Geiste der Kirche entsprechen.

1) Die drei großen Anstalten Haus, Staat und Kirche sind auch zugleich die Bildungsanstalten der Menschen. Jede trägt in ihrer Art zu dieser Bildung wesentlich bei. Auch der Staat übt diesen bildenden Einfluß, nicht bloß insoweit als er dem Menschen seine bürgerlich = politische Bildung gibt, sondern viel allgemeiner für Alle schon insoweit, als er seinem Wesen nach den öffentlichen Frieden und die Gerechtigkeit pflegen soll, die beide auf die Bildung der Menschen einen unberechenbaren Einfluß üben.

2) Ein absolut nothwendiges Mittel, um diese bildende Aufgabe zu erfüllen, ist aber sowohl dem Hause, wie dem Staate, wie der Kirche die Schule. Wer es unternimmt, einer dieser Anstalten die Schule zu verschließen, der hindert sie an der Erreichung ihrer von Gott empfangenen Bestimmung. Die Schule ist also keine selbstständige Anstalt neben dem Hause, neben dem Staate, neben der Kirche, sondern eine von ihnen abhängige Gehülfin. Das ist die wesentliche Stellung der Schule, welche Natur und Religion ihr angewiesen hat, und darin zeigt sich die bodenlose Unwahrheit der modernen Bestrebungen, welche die Schule unabhängig von Haus und Kirche stellen wollen. Haus, Staat und Kirche müssen Schulen haben, die ihrem Geiste und ihren Anforderungen entsprechen. Sie dürfen daran ohne große Ungerechtigkeit nicht gehindert werden.

14

3) Als besondere Rechte der Staatsgewalt gibt F. J. Stahl in seiner Rechts- und Staatslehre[1]) folgende drei an:

a) „Einen gewissen Grad der Bildung — Elementarunterricht — allgemein zu fordern und für diesen Zweck vorzuschreiben, daß alle Kinder entweder die Volksschule besuchen, oder aber einen der Volksschule gleichkommenden Unterricht erhalten."

b) „Für Alle, die Schule halten oder sonst den Unterricht als Gewerbe — nicht bloß in Unterstützung eines einzelnen Familienvaters als Hauslehrer — betreiben wollen, vor Allem bestimmte moralische Bürgschaften, dann aber auch gewisse öffentliche Proben und Zeugnisse der Fähigkeit, ob sie jenem allgemeinen Maß des Volksunterrichtes genügen, zu fordern."

c) „Die Staatsämter und die Praxis als Arzt, Advocat und dergl. an den Besuch der öffentlichen Anstalten, (Gymnasien, Universitäten) als Bedingung zu knüpfen."

Das letzte Recht des Staates folgt nun ohne Zweifel nicht aus den Grundsätzen, die der Verfasser im Uebrigen aufstellt, und macht diese vielmehr illusorisch. Dr. Stahl fügt nämlich im weiteren Verlaufe seiner Abhandlung die Beschränkung bei, daß jedoch die öffentlichen Anstalten nicht mit dem Gewissen der Eltern in Widerspruch stehen dürften, da es ein unverletzbares Recht der väterlichen Gewalt sei, den Sohn nicht einer Schule anvertrauen zu müssen, die den religiösen Grundsätzen des Vaters widerspreche. Wir

---

1) S. 493.

sind mit dieser Ansicht vollkommen einverstanden; glauben
aber, daß dieselbe nur dann sich wirksam bethätigen kann,
wenn der Vater im Falle eines solchen Widerspruches seines
Gewissens gegen die öffentlichen Anstalten in der Lage ist,
seinem Kinde auf einem andern Wege die geforderte geistige
Bildung zu geben. Wenn ihm diese Möglichkeit entzogen
ist, so hat er ja gar keine anderen Mittel, dieses heilige
Recht der väterlichen Gewalt geltend zu machen. Wir kön=
nen daher nur ein Recht der Staatsgewalt anerkennen, für
die bezeichneten Berufsarten einen bestimmten Grad geistiger
Bildung zu fordern und sich durch ein Examen zu über=
zeugen, ob die Candidaten sich denselben angeeignet haben.
Jeder Zwang über die Art und Weise, diesen Bildungsgrad
zu erlangen, ist dagegen durchaus ungerechtfertigt.

Was hingegen die beiden andern Rechte betrifft, welche
Dr. Stahl für die Staatsgewalt in Anspruch nimmt, so
sind wir damit vollkommen einverstanden.

Das erste Recht legt dem Staate die Befugniß des
Schulzwanges bei. Die Kirche hat zwar immer gesucht
den Schulzwang durch das Gewissen der Eltern zu er=
setzen, wie sie überhaupt der Freiheit, namentlich jener des
Hauses, überall Rechnung trägt. Einen äußeren Schulzwang
hat sie nicht eingeführt, ohne ihn jedoch für unberechtigt zu
erklären. Die Einführung des äußeren Schulzwanges findet
daher auch bei einem katholischen Volke, wo der persönliche
Freiheitssinn stets sehr ausgebildet ist, immer großen Wi=
derstand; und auch unsere germanischen Voreltern hätten
sich ihn gewiß nicht gefallen lassen. Obwohl aber deßhalb
Viele glauben, daß ein äußerer Schulzwang nicht in dem

14*

Rechte der Staatsgewalt liege, so können wir uns doch dieser Ansicht nicht anschließen. Wir sind vielmehr der Meinung, daß der Staat nach dem Wesen seiner Bestimmung eine gewisse unterste Stufe der Elementarbildung von seinen Angehörigen zu fordern berechtigt ist; und daß er deßhalb diejenigen Eltern, welche ihren Kindern diese Bildung auf anderem Wege nicht verschaffen können oder wollen, auch durch äußeren Zwang zur Benutzung der öffentlichen Schule anhalten darf, vorausgesetzt jedoch, daß die Schule selbst der religiösen Ueberzeugung des Vaters und seinem Gewissen entspricht.

Auch das zweite Recht kann der Staatsgewalt in einem Lande, wo mehrere Glaubensbekenntnisse rechtlich bestehen, nicht bestritten werden. Wo eine Staatsreligion besteht, muß der Staat auch der Kirche das Vertrauen schenken, daß sie in den von ihr selbst eingerichteten Schulen Nichts dulden werde, was den Staat gefährden könne. In einem Lande dagegen, wo mehrere Religionsbekenntnisse geduldet werden, muß der Staatsgewalt das Recht einer allgemeinen Oberaufsicht zustehen. Die Grenzen dieser Oberaufsicht ergeben sich aber wieder aus der Natur der Staatsgewalt selbst. Die Staatsgewalt muß in diesem Falle nämlich das Recht haben, sich davon überzeugen zu dürfen, ob in einer Schule Nichts gelehrt werde, was der natürlichen Sittlichkeit oder der Verehrung des Einen wahren Gottes widerspreche, und in den Elementarschulen, ob der Lehrer im Stande sei, den allgemein geforderten Elementarunterricht zu ertheilen.

4) Wenn wir aber eine unbedingte Lehrfreiheit in pa-

ritätischen Staaten nicht forbern dürfen und das bezeichnete
allgemeine Aufsichtsrecht der Staatsgewalt als ein wohlbe=
gründetes vollkommen und freudig anerkennen, so müssen
wir die bedingte Lehrfreiheit als ein Recht der Gewissens=
freiheit, als ein Recht der elterlichen Gewalt, als ein Recht
der wahren Wissenschaft mit aller Entschiedenheit in An=
spruch nehmen. Wer dem Staate jede Garantie dafür bie=
tet, daß die Sittlichkeit und Gottesfurcht in der Schule
nicht verletzt werde, daß auch die verwendeten Lehrer den
Anforderungen der Sittlichkeit, der Religiosität und der all=
gemein geforderten Elementarbildung vollkommen entspre=
chen, der hat auch ein unbedingtes Recht eine Schule
für seine eigenen Kinder oder für Eltern, die ihm ihre
Kinder anvertrauen wollen, einzurichten. Nur dann kann auch
von einer freien Wissenschaft die Rede sein. Eine von
Staatswegen monopolisirte Wissenschaft, wie der despotische
Liberalismus sie uns einrichten will, ist keine freie Wissen=
schaft, sondern Wissenschaft einer Kaste und eines Kasten=
geistes, Wissenschaft nach der Elle und dem Maße derer,
die an der Spitze eines staatlich organisirten Schulwesens
stehen. Das größte Bedürfniß der Zeit ist dagegen eine
geordnete Freiheit der Wissenschaft, wodurch auch die christ=
liche Wahrheit wieder in die Lage versetzt wird, ihre Wis=
senschaft herrlich zu entfalten und dem monopolisirten
Staatsschulen=Unglauben entgegen zu stellen. Die Lehrfrei=
heit in den bezeichneten Schranken ist daher ein heiliges
unveräußerliches Recht des Menschen, des Hauses, der
Kirche und der Wissenschaft, für welches die katholische
Presse ohne Unterlaß kämpfen muß.

5) Außerdem ist der Staat verpflichtet, die öffentliche Schule, welche er selbst gründet, nicht nach subjectivem Belieben, sondern mit Rücksicht auf die Religion der Eltern so einzurichten, daß der Besuch der Schule das Gewissen der Eltern nicht verletzt.

Die Gerechtigkeit dieser Forderung folgt schon überhaupt aus dem Rechte der elterlichen Gewalt, der es zuerst zusteht, über den Geist der Bildung ihrer Kinder zu entscheiden. Sie ist aber um so dringender eine Pflicht der Staatsgewalt, wenn diese irgend eine Art von Schulzwang eingeführt hat. Hierüber sagt S t a h l an der erwähnten Stelle: „Wenn die Staatsschule entchristianisirt oder auch nur mit der betreffenden anerkannten Confession in Gegensatz gestellt wird, dann ist ihr Monopol oder ihre maßgebende Macht nicht mehr gerechtfertigt, weder in directer Weise, bei der allgemeinen Volksschule, noch auch in indirecter Weise bei den Bildungsanstalten für den Staatsdienst. Dann gilt das Recht des Gewissens. Man kann keinen Vater zwingen, sein Kind einem seiner Religion feindlichen Einfluß zu übergeben. Dann gilt nicht minder das Recht der Kirche selbst, den Beruf der Erziehung, den sie hat, gesondert vom Staate zu verfolgen."

Wir brauchen hier nicht auszuführen, in welchem Maße bisher die hier hervorgehobene Pflicht der Staatsgewalt, bei den öffentlichen Schulen auf die Religion der Eltern Rücksicht zu nehmen, verletzt worden, und in welchem Umfang dadurch das Gewissen der Eltern außer Acht gelassen ist. Es ist aber dringendes Bedürfniß, diesen Zustand zum Bewußtsein der Eltern zu bringen.

6) Die Forderung bedingter Lehrfreiheit schließt aber in keiner Weise das Bestreben ein, überall neben den öffentlichen Staatsschulen gesonderte Anstalten zu gründen. So sehr wir es auf der einen Seite im Interesse der Gewissensfreiheit, des Rechtes und der Wissenschaft für nothwendig halten, daß die Kirche auch einige von ihr selbst gegründete Anstalten besitze, so würden wir doch auf der anderen Seite eine allgemeine Trennung zwischen Staatsschulen und Kirchenschulen als höchst verderblich ansehen. Diese wäre vielmehr Zeichen einer feindlichen Stellung zwischen Kirche und Staat, die ja überhaupt gegen Gottes Wille ist und deßhalb zerstörend wirken muß. Wir sind vielmehr der Meinung, daß die Mehrzahl der Schulen, insbesondere die Elementarschulen, gemeinschaftliche für Haus, Staat und Kirche sein sollen, und daß bei einer wohlwollenden Auffassung der betreffenden Verhältnisse alle drei Anstalten ihre Interessen in diesen Schulen leicht vereinigen können. Je mehr dies der Fall ist, desto wohlthätiger wird die Wirksamkeit dieser Schulen sein.

7) Ein Schulsystem dagegen, wie es der moderne Liberalismus erstrebt, als selbstständige Staatsanstalt, getrennt von Haus und Kirche, verbunden mit directem Schulzwang für die Elementarschulen und indirectem Schulzwang für die höheren Schulen, insoweit ihr Besuch die nothwendige Bedingung zur Erlangung öffentlicher Stellen ist, wäre die verderblichste und schmachvollste Gestalt, in der der absolutistische Geistes- und Gewissenszwang auftreten könnte. Der größte Theil unseres Volkes ist nicht im Stande, durch Privatlehrer den Kindern die unterste Stufe der all-

gemein geforderten Ausbildung zu gewähren. In den
höheren Ständen sind zahllose Eltern in die Nothwendigkeit
versetzt, ihre Kinder dem öffentlichen Dienste zu widmen.
Sie alle wären dann gezwungen, durch den directen und
indirecten Schulzwang, ihre Kinder gegen die Stimme
ihres Gewissens Schulen zu überliefern, die ihr Vertrauen
nicht besitzen. Der abtrünnige Kaiser Julian entzog den
Christen das Recht, christliche Schulen für die allgemeine
Bildung einzurichten und dieses Verbot ist seitdem in der
ganzen Christenheit als eine der gewaltthätigsten Maßregeln
angesehen worden, mit denen das Christenthum je in der
Weltgeschichte verfolgt wurde. Das Verfahren jenes Kaisers
ist aber noch eine milde Verfolgung im Vergleich zu der,
welche der falsche Liberalismus gegen das Christenthum im
Sinne hat, da damals von Schulzwang noch keine Rede
war. Julian wollte die Christen nur einer höheren Bildung
berauben; die Staatsschule aber in der bezeichneten Art
wäre eine geistige Zuchthausanstalt, in die man die Kinder
christlicher Eltern treiben würde, um ihnen dort ihren christ=
lichen Glauben zu nehmen.

Die Unterrichtsfragen sind deßhalb von einer ganz
hervorragenden Bedeutung und die katholische Presse muß
ihnen ihre ganze Aufmerksamkeit zuwenden, sie muß die
falschen Richtungen des absolutistischen Liberalismus be=
kämpfen, sie muß die wahren Grundsätze, die Rechte des
Hauses und der Kirche geltend machen; sie muß die Ge=
wissen der katholischen Eltern aufwecken, damit auch sie
wieder ihre Stellung zur Schule begreifen und jene Rechte

an der Schule zurückfordern, ohne die sie ihre heiligsten Pflichten an ihren Kindern nicht erfüllen können.

Wir haben in dem Bisherigen ganz abgesehen von der privatrechtlichen Seite der Sache, wollen aber zum Schluße wenigstens mit Einem Worte darauf hinweisen, daß überall da, wo die Schulfonds Kirchengut sind, die Kirche auch aus diesem Titel ein specielles Recht auf die Schulen hat, und daß dieses Recht verletzen und kirchliche Schulfonds ihrem stiftungsgemäßen Zwecke entziehen, eine himmelschrei= ende Verletzung der Gerechtigkeit ist.

XXXII. Die Freimaurerei.

Es kann nicht in unserer Absicht liegen, uns hier über den Ursprung, das Alter und die Bedeutung der Frei= maurerei im Allgemeinen eingehend auszusprechen. Wir können sie vielmehr unserem Plane nach hier nur in so weit in Betracht ziehen, als sie nach unserer Ansicht von der katholischen Presse berücksichtigt werden sollte. Wenn wir aber diesen heiklen Gegenstand hier erwäh= nen, so versteht es sich von selbst, daß wir das, was wir von der Freimaurerei sagen, nicht jedem einzelnen Frei= maurer imputiren wollen. Wir reden nur von dem System im Ganzen, nicht von der Auffassung einzelner Glieder. Wir glauben vielmehr, daß die Vorwürfe, welche wir der Freimaurerei machen, viele einzelne Freimaurer nicht treffen.

Die Freimaurerei nimmt allein in der ganzen Welt einen merkwürdigen Ausnahmszustand thatsächlich ein und grundsätzlich in Anspruch. Sie ganz allein wird mit wenigen Ausnahmen in der öffentlichen Presse nicht besprochen und will nicht besprochen werden. Während die Presse über alle anderen Verhältnisse, die die Menschen interessiren, spricht und urtheilt; während das Christenthum mit allen seinen

Lehren und Einrichtungen, der Staat mit allen seinen Rechten und Verfassungen Gegenstand der Discussion sind; während selbst die intimsten persönlichen Beziehungen der Menschen aufgedeckt werden: bildet die Freimaurerei allein nach einem allgemeinen europäischen Consens das „Rühre mich nicht an;" Jeder fürchtet sich davon zu reden, wie vor einer Art von Gespenst. Diese Erscheinung ist zunächst ein Beweis von der immensen Macht, die die Freimaurerei in der Welt ausübt. Sie allein hat noch einen beherrschenden Einfluß auf die Presse, denn nur dadurch läßt sich dieser Zustand erklären. Zugleich aber ist es offenbar, daß dieser Zustand unvernünftig und unerträglich ist. Man mag von der Freimaurerei denken, was man will, so kann es jedenfalls nicht in Abrede gestellt werden, daß es von ungemeinem Interesse sein muß, sie von allen Seiten recht genau kennen zu lernen und dadurch ihren sittlichen und geistigen Werth klar zu machen. Es kann doch nicht immer so fortgehen, daß während alle Monopole und Privilegien entfernt werden, die Freimaurerei allein das Monopol und das Privilegium hat, sich dem Urtheil der öffentlichen Meinung vollständig entziehen zu dürfen. Wenn die Gegner der Freimaurerei Unrecht haben, so kann es ja nur im Interesse derselben liegen, wenn ihre Geschichte und ihr Wirken aus diesem geheimnißvollen Dunkel hervortritt. Wenn dagegen ihre Gegner Recht haben, so liegt es im Interesse der gesammten Menschheit, daß auch diese Schäden offenbar werden. Wenn die Freimaurerei das Tageslicht vertragen kann, so möge man endlich aufhören, sie selbst und ihre Mitglieder dem Tageslichte zu entziehen.

Wir glauben daher, daß dieser Zustand aufhören muß, und daß die katholische Presse vor Allem dahin wirken sollte, die Freimaurerei zu zwingen, aus diesem Dunkel hervorzutreten. Diese Thätigkeit halte ich vorerst für die wichtigste Aufgabe der katholischen Presse der Freimaurerei gegenüber. Erst wenn die Freimaurerei in ihrer Geschichte und in ihrem jetzigen Bestande mit derselben Offenheit längere Zeit besprochen sein wird, wie alle anderen menschlichen Institutionen, erst dann ist ein eingehendes und klares Urtheil über den Werth oder Unwerth derselben möglich. Bis dahin hat es sich die Maurerei selbst zuzuschreiben, wenn ihre Gegner in ihrem Urtheil das rechte Maß überschreiten sollten.

Außerdem gibt es aber noch andere Bedenken, zu denen uns die Freimaurerei Veranlassung gibt und die in der Presse beurtheilt und besprochen werden müssen.

Das erste ergibt sich aus der Stellung, die sie dem Christenthume, namentlich der katholischen Kirche gegenüber, einzunehmen scheint.

Als Aufgabe der Maurerei ist bezeichnet worden, das Reinmenschliche, das an sich und bleibend Gute, das wahre, ächte Menschthum zu pflegen und zu fördern, und für diesen Zweck eine Verbindung unter den Menschen herzustellen. In diesem Streben liegt aber an sich noch kein Widerspruch gegen das positive Christenthum, denn das ist ja auch in allen Theilen die Aufgabe des Christenthumes selbst. Es will auch den Menschen in seiner innersten Natur und Wesenheit ergreifen und das wahrhaft und ächt Menschliche an ihm entwickeln; es will, wie der h. Apostel Paulus sagt, den vollkommenen Menschen in ihm ausbilden. Darin läge also kein Unterschied zwischen dem Christenthum und der Maurerei, und dieser könnte erst entstehen, wo es sich um den Begriff des Reinmenschlichen handelt, oder um die Mittel dasselbe zu verwirklichen.

Die Maurerei soll weiter die Absicht haben das Rein= menschliche, Sittliche und Gute in allen Religionen anzuerken= nen, und will deßhalb auch ein Bruderbund sein, in dem Mit= glieder aus allen Religionen zusammentreffen. Auch in diesem Bestreben liegt noch kein eigentlicher Gegensatz gegen das Christenthum. Das Christenthum ist es vielmehr, das den Gedanken, daß wir alle von einem Vater abstammen und deßhalb Brüder sind, daß Gott Vater aller Menschen sein will, eigentlich und wahrhaft getragen und der Welt verkündet hat; die katholische Kirche ist es, die dem alten Protestantismus gegenüber behauptet hat, daß der Mensch durch die Sünde nicht total verdorben sei, und daß es deßhalb in allen Religionen, in allen heidnischen philo= sophischen Systemen mancherlei Wahres und Gutes gebe, vieles ächt Menschliche sich erhalten habe. Mit großer Mühe und Liebe hat deßhalb die katholische Wissenschaft diese Spuren wahrer Humanität überall hervorgesucht, wo sie auch noch so tief durch das Wirken der Sünde und des Bösen in der Welt verschüttet waren.

Das Wesen der Maurerei dagegen ist viel= mehr der s. g. Deismus, welcher gegen Ende des sechszehn= ten Jahrhunderts in England entstanden ist und sich dann von dort aus über die Welt verbreitet hat. Aus dieser Zeitrich= tung scheint auch die Freimaurerei erst eigentlich hervorgegan= gen zu sein und mit älteren Verbindungen nur in so weit zu=

sammenzuhängen, als sie eben auch eine geheime Gesell=
schaft ist, wie wir sie bald hier, bald dort in der ganzen Welt=
geschichte antreffen.

Der Deismus besteht hauptsächlich darin, daß er jede
übernatürliche geschichtliche Offenbarung Gottes läugnet und
keine andere Erkenntniß Gottes zuläßt, als auf dem Wege
der Natur und der sich selbst überlassenen menschlichen Ver=
nunft. Der Deismus hatte in seinem Entstehen auf der
einen Seite eine Berechtigung, indem er ein Protest gegen
die Unterdrückung der Vernunft war, wie sie die anglika=
nische Kirche lehrte. Die Lehre von der gänzlichen Ver=
derbniß der menschlichen Natur, wodurch das ganze übrige
Menschengeschlecht zu einem Haufen Unsinniger und Ver=
dammter gemacht wurde, mußte naturnothwendig zu solchen
Reactionen führen. In diesem an sich berechtigten Kampfe
für die Rechte der Vernunft beging man aber auf der an=
deren Seite eine nicht minder große Ungerechtigkeit, indem
man die Rechte Gottes verletzte, in den Plan seiner liebe=
vollen Vorsehung eingriff und durch Läugnung jeder an=
deren Offenbarung, als der natürlichen, den lebendigen fort=
gesetzten Wechselverkehr zwischen Gott und seinem Geschöpfe
zerriß. Aus diesem Deismus hat sich dann später zwar der
Rationalismus, der Naturalismus, der Pantheismus, der
Materialismus entwickelt; wir dürfen ihn aber dennoch
nicht mit diesen Systemen verwechseln, denn der Deismus
hielt den Glauben an einen persönlichen Gott noch im=
mer fest.

In diesen Grundzügen des Deismus haben wir nun
zugleich das Wesen der Freimaurerei genau bezeichnet, so=

wohl in ihrer Berechtigung als auch in ihrer Verirrung. Sie hat Recht, wenn sie dem orthodoxen Protestantismus gegenüber behauptet, daß überall, wo sich Menschen finden, sich auch Spuren ächter, wahrer Menschlichkeit nachweisen lassen; sie hat aber vollkommen Unrecht, wenn sie die übernatürliche Offenbarung Gottes läugnet. Daraus ergibt sich auch von selbst die Stellung der Freimaurerei zum Christenthum. Mit allen rationalistischen christlichen Secten hat die Freimaurerei eine innige Verwandtschaft. So lange das Christenthum nur als eine natürliche Erscheinung in der Weltgeschichte aufgefaßt wird, nimmt auch die Freimaurerei keinen Anstand, Christus und das Christenthum hoch zu preißen und die Bibel in hohem Ansehen zu halten. Die Freimaurerei kann ohne Weiteres unter allen natürlichen Kundgebungen des Menschengeistes das Christenthum oben anstellen, die Bibel als das erste Logenbuch erklären und sogar in gewissem Sinne anerkennen, daß sie Gottes Wort enthalte. Daher werden auch in einigen Logen auf die Bibel die Eide abgelegt. Dagegen steht die Freimaurerei mit dem Christenthum, welches seit achtzehnhundert Jahren der Welt als eine übernatürliche, gnadenreiche Offenbarung Gottes verkündiget ist, insbesondere also mit der katholischen Kirche im allervollkommensten und entschiedensten Gegensatz. Die Gottheit Christi im christlichen Sinne als eine übernatürliche Herablassung Gottes zu den Menschen, nicht etwa als eine natürliche Offenbarung des Göttlichen in der Menschenseele, verwirft die Freimaurerei vollständig. Damit ist aber zugleich dem Christenthum mit allen seinen Lehren, Institutionen und Sacramenten jeder übernatürliche göttliche Charakter abgesprochen. Von einer

Erlösung als einer übernatürlichen That Gottes, von der christlichen Idee, daß Christus der einzige Mittler zwischen Gott und den Menschen sei, kann in der Freimaurerei keine Rede sein. Das Wort Christi: „Niemand kömmt zum Vater als durch mich," hat für sie keine Bedeutung.

Der Freimaurerei sind auch deßhalb alle Religionen nur von relativem Werthe und sie muß den Anspruch, daß eine einzige als übernatürliche göttliche Offenbarung die allein wahre sei, als Uebermaß aller Anmaßung betrachten [1]).

---

[1]) Es wird genügen, hiefür Einen Beleg anzuführen. Aus den jüngst in zweiter Auflage bei Herrn. Fries in Leipzig als Manuscript für Freimaurer erschienenen Katechismusreden. J. Von Br. Oswald Marbach (Meister vom Stuhl in der St. Johannisloge Balduin zur Linde in Leipzig) sehen wir, daß derselbe wegen der zahlreichen Bibelcitae getadelt worden war. Solche Benutzung der Bibel stehe mit den Grundsätzen der Maurerei in Widerspruch: denn „dem Maurer gilt die Bibel nicht wie der Kirche als Religionsbuch, sondern als Symbol des Glaubens und religiöser Ueberzeugung." Marbach gibt diesen Grundsatz vollständig zu, allein die noch so reichliche Anführung von Bibelstellen stehe auch damit nicht im Widerspruch; dann fährt er fort: „Aber, meine Brüder, ich höre in dem Herzen dieses oder jenes Bruders das zweifelnde Wort: wo bleibt der Ruhm der Freimaurerei, daß sie nicht sehe auf den Unterschied des Glaubens und schließe mit dem Brudernamen zusammen Christ und Jude, Heide und Muhamedaner, alles was Mensch ist: indem wir an die Bibel verwiesen werden, daß sie unseren Glauben ordne und richte. O, meine Brüder, wollet ihr euch beschämen lassen von euren muhamedanischen Brüdern, welche auf ihrem Altar nicht den Koran liegen haben, sondern die Bibel (?). Ich sage euch: so ein Heide kommt oder ein Muselmann und nimmt Anstoß an dem Bibelworte, das an diesem Orte erschallet,

Namentlich muß sie also die ganze katholische Kirche mit
ihrer Behauptung einer übernatürlichen Sendung, einer
übernatürlichen Lehre, übernatürlicher Sacramente, einer
übernatürlichen Autorität als lauter unberechtigtes Men=
schenwerk, als Priester=Lug und Trug erklären. Wie aber
der Deismus andere Verirrungen hervorgerufen, ohne sie
selbst zu theilen, so geht es auch der Freimaurerei; und
obwohl sie mit allen Zeitrichtungen in gewissem Frieden
lebt, selbst mit den gottlosesten, so wäre es doch ein Un=
recht, ihr selbst eine grundsätzliche Gottlosigkeit vorwerfen
zu wollen. Sie betrachtet vielmehr die wahre Gottesver=
ehrung als einen Theil ihrer Aufgabe und redet gern und
oft von derselben.

Wenn wir aber im Vorstehenden das Wesen der Frei=
maurerei richtig bezeichnet haben, so ergibt sich daraus von
selbst, daß die Kirche wohl Ursache hatte, ihren Kindern
den Eintritt in den Freimaurerorden zu verbieten und den
Eintritt in denselben als einen Abfall von ihr zu betrach=
ten. Der h. Johannes schreibt in seinem ersten Briefe:
„Geliebteste, glaubet nicht jedem Geiste, sondern prüfet die

um anzubeten Gott in Geist und Wahrheit, so ist er kein Freimaurer,
und mag er sich zehnmal durch Zeichen, Wort und Griff zu erkennen
geben; und aber sage ich euch auch: so ein Christ kommt in diese Ha=
len und tabelt euch um eines Wortes aus dem Koran, oder um eines
Wortes aus Sophokles, oder um eines Wortes aus Göthe, das ihr
braucht, um Gott anzubeten im Geiste und in der Wahrheit, so ist er
kein Freimaurer, „denn alle Schrift von Gott eingegeben ist nütz zur
Lehre, zur Strafe, zur Besserung, zur Züchtigung in der Gerechtigkeit."
Bibel ist, wo Gott ist. Aber wo ist er und wer mag richten? u. s. w.

Geifter, ob fie aus Gott find, denn es find viele falfche Propheten in die Welt ausgegangen. Daran wird der Geift Gottes erkannt: Jeder Geift, der bekennt, daß Jefus Chriftus im Fleifche gekommen fei, ift aus Gott. Jeder Geift aber, der Jefum aufhebt, ift nicht aus Gott und diefer ift der Antichrift, von dem ihr gehört habet, daß er komme und er ift fchon jetzt in der Welt¹)." Von diefem Standpunkt geht die Kirche aus. Die Gottheit Chrifti ift der Mittelpunkt, die Seele und das Leben ihres Dafeins. Um fie bewegt fie fich, wie die Geftirne um die Sonne. Die Freimaurerei kann ihr daher nur erfcheinen als eine Lehre, die nach den Worten des h. Johannes Chriftus aufhebt, die deßhalb nicht aus Gott ift und dem Widerchrift angehört. Die Unmöglichkeit, mit innerer Ueberzeugung zugleich der Freimaurerei und der katholifchen Kirche anzugehören, liegt vielmehr fo offen zu Tage, daß auch unfere Gegner fie in aller Ehrlichkeit anerkennen follten. Ohne Zweifel find viele Katholiken in den Freimaurerorden eingetreten, ohne auch nur im Allerentfernteften diefen inneren Widerfpruch zu erkennen. Wenn aber die Freimaurerei in der That mit dem Ernfte nach der Wahrheit ftrebt, wie fie felbft es uns fagt, fo fcheint es uns unwürdig, daß fie einen Schein an fich trägt, der ihrem eigentlichen Wefen widerfpricht. Sie follte einen Zuwachs an Mitgliedern felbft verfchmähen, der nur durch Zweideutigkeiten erlangt wird.

Das zweite Bedenken gegen die Freimaurerei ergibt fich

¹) I Joh. 4.

aus ihrer kastenartigen Verfassung in Verbindung mit ihrem Einfluß auf das Staatsleben, namentlich wenn es richtig stünde, was vielfach behauptet wird: Es sei eine „alte Pflicht" für die Freimaurer: „Ihr müsset den Bruder anstellen, wenn ihr es vermöget, oder ihn empfehlen, daß er angestellt werde." Und wenn auch nicht ein solches förmliches Statut bestände, so ist es doch die allgemeine Ueberzeugung, daß die Freimaurer vorzugsweise ihren Brüdern Unterstützung und Beförderung zuwenden, so daß junge Leute um ihres Fortkommens willen in die Logen eintreten.

Wie sehr aber ein solches Verhältniß die Rechte und Interessen aller jener Staatsbürger, die nicht Maurer sind, gefährdet, ist offenbar. Ja allen Ernstes könnte man die Frage aufwerfen: ob nicht billiger Weise gefordert werden könnte, daß kein Richter an einer geheimen Gesellschaft theilnehme, welche auch nur den Verdacht hervorrufen könnte, daß die Genossenschaft in derselben geheimen Verbrüderung irgend welches Gewicht in die Wagschale der Gerechtigkeit werfen könnte.

Noch bedenklicher ist es, wenn Freimaurer die einflußreichsten Staatsämter inne haben. Oder ist es nicht ein unerträgliches Gefühl für einen Nichtmaurer, bei einer Concurrenz mit einem Freimaurer von einer Behörde geprüft und beurtheilt zu werden, die selbst aus Freimaurern besteht und mit Einem der Concurrenten durch einen geheimen Bruderbund verbunden ist?

Eine andere Gefahr, wenn die einflußreichsten Staatsämter mit Freimaurern besetzt wären, läge darin, daß dann der Mißbrauch der Staatsgewalt für Maurerzwecke und Maurertendenzen so nahe gelegt ist. Die Freimaurer können unmöglich für sich absolute Unfehlbarkeit und Vollkommenheit in Anspruch nehmen. Sie müssen wenigstens anerkennen, daß sie auch Menschen mit menschlichen Schwächen sind. Wie leicht kann es da nun geschehen, daß sie, wenn ein großer Theil der Staatsgewalt in ihren Händen liegt, durch sie ihre Bundeszwecke zu erreichen streben? In welcher Lage befände sich aber dann die gesammte christliche Bevölkerung, wenn die Staatsgewalt, der sie Gehorsam schuldet, das gefügige Werkzeug einer geheimen Gesellschaft würde und ihr dazu diente, den Glauben des christlichen Volkes als Irrwahn und Aberglauben mit versteckten Waffen unter dem Scheine des Staatswohles und Staatsdienstes zu bekämpfen!

Im ganzen Lichte erscheint aber dieser Zustand erst dann, wenn wir auch an die Lehrerstellen denken. Wenn die Staatsdiener Freimaurer sind, wenn von ihnen die Lehrerstellen im ganzen Lande besetzt werden, wenn dann auch wiederum die Lehrer derselben geheimen Verbindung angehören, — da ist ja jede Parität, jede Gerechtigkeit und jede Freiheit in Frage gestellt. Da ist ja ein geheimer innerer Krieg gegen die gesammte Bevölkerung, die an eine übernatürliche Offenbarung glaubt, unausbleiblich; ein Krieg, der im tiefsten innerlichen Widerspruch zu Allem steht, was durch Gesetze und Verfassungen allen Glaubensbekenntnissen feierlich garantirt und gewährt ist. Dann muß es dahin kommen, daß während nach den bestehenden Gesetzen von einer Gleichberechtigung Aller zu den Staatsstellen die Rede ist, in der Wirklichkeit nur mehr die Freimaurer zu ihnen gelangen können; daß während in den Gesetzen von Religionsfreiheit und Freiheit der Wissenschaft die Rede ist, in Wirklichkeit durch die Schulen nur mehr die religiöse und wissenschaftliche Anschauung der Freimaurerei sich geltend macht.

Wir könnten unsere Bedenken gegen die Freimaurerei in Bezug auf ihre kastenartige Natur im Gegensatze zu allen andern Schichten der Bevölkerung, wodurch sich eine geheime Gesellschaft von Honoratioren bildet, die von dem Volke sich abtrennt, und es doch im Geheimen nach allen Seiten hin beeinflusset, jetzt entwickeln; wir könnten in Anknüpfung an frühere Gedanken betrachten, wie sich das ganze constitutionelle Staatsleben, mit seiner angeblichen Vertretung aller Classen der Bevölkerung, gestaltet, wenn eine allgewaltige Staatsgewalt in Verbindung mit der Freimaurerei und der aus ihr hervorgegangenen Kammermajorität widerstandslos das Land beherrscht. Wir verzichten aber hierauf an dieser Stelle, um noch Ein Bedenken gegen die Freimaurerei kurz hervorzuheben. Die Freimaurerei scheint uns nämlich, wenn sie auch selbst in ihren Logen gewisse Extreme vermeidet, eine große Vor- und Uebungsschule für alle Arten geheimer Gesellschaften zu sein und dadurch die ganze europäische Staatenordnung in ihren Fundamenten zu beschädigen. Es mag sein, daß die Logen in einer gewissen Abhängigkeit von der Oberaufsicht der Staatsbehörden stehen. Diese Aufsicht hat aber an sich schon keinen Werth, wenn die Aufsicht führenden Behörden selbst wieder Freimaurer sind. Außerdem können aber die Logen, selbst wenn sie es wollten, nicht verhindern, daß aus ihnen andere geheime Verbindungen hervorgehen, vielleicht conse= quenter und energischer, wie sie selbst, und die sich dann jeder Aufsicht der Staatsbehörden vollkommen entziehen.

Ueberhaupt will es uns scheinen, daß geheime Gesellschaften in jeder Hinsicht mit einem geordneten Staatswesen voll= kommen unverträglich sind und einen gewissen unsittlichen Charakter zugleich in sich tragen. Diesem scheußlichen Un= wesen der geheimen Verbindungen aber, wie es jetzt besteht, das unter dem Boden der Gesellschaft fortschleicht, das je= des Gefühl der Sicherheit im gewöhnlichen Verkehr aufhebt, da man nie weiß, ob man nicht vielleicht mit geheimen be= eidigten Bundesbrüdern zu thuen hat, — ist Thür und Thor geöffnet, so lange noch die Freimaurerei eine höchst protegirte geheime Gesellschaft bleibt. Die Freimaurerei mit ihren Genossen, den übrigen geheimen Gesellschaften, die doch recht eigentlich die Höhe des Zeitgeistes repräsen= tiren wollen, sind in permanentem Widerspruch zu Dem, was sonst der Zeitgeist auf allen Gebieten fordert, nämlich zu der Oeffentlichkeit, und ich glaube, es wäre deßhalb ganz berechtigt, in ihrem Namen allgemein zu verlangen, daß dieses geheime Treiben aufhöre.

Schließlich können wir es nicht unterlassen, den Ge= danken auszusprechen, daß uns ein recht wissenschaftlich gehaltenes Werk über die Freimaurerei eine der wichtigsten Anforderungen der Gegenwart scheint. Eine streng wissenschaft= liche und kritische Darstellung des Ursprunges, der Ge= schichte, des Wesens, der Gebräuche und der Symbole der Freimaurerei, ihrer Stellung und ihres Einflusses in

bem modernen Staatsleben wäre eine unaussprechlich ver=
bienstliche Arbeit. Sie würde endlich das Dunkel dieser
geheimen Gesellschaft aufheben und ein gründliches Urtheil
über sie möglich machen. Möchten doch einige tüchtige
junge Gelehrte diese wichtige Arbeit unternehmen!

XXXIII. Einheit Deutschlands.

***

Da die deutsche Frage jetzt überall auf der Tagesord=
nung ist und alle Herzen in Deutschland bewegt, so können
wir sie nicht ganz mit Stillschweigen übergehen, obwohl
wir uns über dieselbe schon bei einer anderen Gelegenheit
eingehender ausgesprochen haben.

Wir betrachten die mehr und mehr allgemein werden=
den Bestrebungen nach einer größeren Einheit des deutschen
Volkes, mit germanischer Selbstständigkeit der einzelnen
Staaten, nicht mit französischer Centralisation, als einen
durchaus legitimen, wohlbegründeten Anspruch des ganzen
deutschen Volkes und jedes einzelnen Deutschen, so legitim
und wohlbegründet, wie es überhaupt politische Ansprüche
geben kann.

Die Auflösung des deutschen Reiches und des einheit=
lichen Reichsverbandes darf gewiß ohne Ungerechtigkeit
weder einem einzelnen Fürsten, noch einem einzelnen Lande
zugemessen werden. Die Gesammtheit aller Ursachen, welche

seit Jahrhunderten zu dieser Auflösung mitgewirkt haben, hatte aber nicht ihren Grund in einem höheren Interesse der Menschheit überhaupt, oder in einem wahren tieferen Bedürfnisse des deutschen Volkes, sondern vorzugsweise in egoistischen und selbstsüchtigen Interessen oder unberechtigten Zeitrichtungen, die von einer ebenso egoistischen und schlechten Politik fremder Mächte gepflegt und unterstützt wurden. Kein wahres, höheres, allgemeineres Bedürfniß des deutschen Vaterlandes hat dieses unselige Resultat her= beigeführt. Auch die Verzichtleistung auf die deutsche Kai= serkrone durch Kaiser Franz konnte das Recht Aller auf die deutsche Einheit nicht berühren, da diese kein Privatrecht des deutschen Kaisers, sondern ein Gesammtrecht des ganzen deutschen Volkes war. Wie schwierig auch die Lösung des Problems ist und wie verwerflich auch so manche die Ge= schichte und die reale Natur der Dinge verläugnende und specifisch revolutionäre Bestrebungen sein mögen, welche unter dem Scheine der Einheit die deutsche Einigkeit und Größe auf's unheilvollste bedrohen, so wird dennoch immer die deutsche Einheit ein überaus heiliges und berechtigtes Bestreben der deutschen Völkerstämme bleiben.

Man hat die Bestrebungen nach deutscher Einheit von einer Seite als eine Unmöglichkeit aus dem Grunde auf= fassen wollen, weil die Glaubensspaltung bestehe und diese jede tiefere Einigung verhindere. Diese Ansicht ist ohne Zweifel in sofern wahr, als das höchste Ideal einer natio= nalen Einigung nur unter der Voraussetzung der Glaubens= einigung erreicht werden könnte, und als ganz gewiß die Glaubenstrennung und der in ihrem Gefolge erst recht ein=

gebrungene Particularismus und Absolutismus der tiefste Riß in die deutsche Einheit gewesen ist. Aber wir sind auf Erden so oft in der Lage, nicht unmittelbar die höchsten Ideale verwirklichen zu können, und in solchen Fällen ist es dann gänzlich unberechtigt unter diesem Vorwande das minder Vollkommene zu bekämpfen. Es gibt ja überhaupt in der Welt fast keine nationale Einheit mehr, die wahr= haft auf diesen letzten und höchsten Grund aller Einheit, auf die Glaubenseinheit gegründet wäre. Dagegen scheint es uns von der höchsten Bedeutung für die Einigung der deutschen Volksstämme, — und dieses möchten wir vor Allem aussprechen, daß die Politik aufhöre, die Religion als Mittel für ihre Zwecke zu betrachten. Nicht die Spaltungen in der Religion an sich gefährden so sehr die deutsche Einheit, als vielmehr die Bestrebungen der Parteien, die Religionsge= sellschaften durch Staatsgesetze zu leiten und sie dann als Mittel zur Erreichung ihrer Absichten zu gebrauchen. Nichts würde die Einheit des deutschen Volkes mehr fördern, als die ehrliche Anerkennung des Princips der Selbstverwal= tung für die Kirche. Man redet immer von den Uebergriffen der kirchlichen Behörden auf das weltliche Gebiet und über= sieht dabei, wie seit Jahrhunderten die Staatsgewalt in das geistliche Gebiet eingegriffen hat, und kirchliche Inte= ressen als Vorwand gebrauchte zu rein egoistischen und selbstsüchtigen Absichten. Auch der moderne absolutistische Liberalismus schlägt diesen selben verderblichen Weg ein, und während er auf der einen Seite von der deutschen Einheit redet, bringt er uns auf der anderen Seite die Gefahr der größten inneren Kämpfe und der tiefsten reli=

giösen Spaltungen. Daher sollten Alle, die wahrhaft nach
der Einheit Deutschlands streben, und mit ihren deutschen
Mitbrüdern im Geiste wahrer Toleranz im Frieden leben
wollen, gemeinsam dahin wirken, daß die Selbstständigkeit
der christlichen Confessionen anerkannt würde und daß namentlich dieser Terrorismus nicht weiter um sich greife,
mit dem die katholische Kirche in einzelnen Kammern und
in der Presse bedroht wird.

Uebrigens können wir es nur beklagen, wenn Katholiken deßhalb den Bestrebungen nach deutscher Einheit
gegenüber sich feindlich oder gleichgiltig verhalten, weil in
denselben sich zugleich ein Geist geltend macht, der nicht
die Einheit will, sondern nur die katholische Kirche
haßt. Wir glauben vielmehr, daß wir Katholiken trotz
dieser vielfach der katholischen Kirche feindlichen Richtungen uns wohl vor dem Scheine hüten müssen, als ob
die deutsche Sache uns fremd wäre. Wir müssen vielmehr
auch hier das Falsche vom Wahren wohl unterscheiden und
uns in der Liebe zum deutschen Vaterlande, zu seiner Einheit und Größe von Niemanden übertreffen lassen.

XXXIV. Schlußwort.

I.

Wenn wir die Menschen und ihre Geschichte betrachten, können wir darüber nicht zweifelhaft sein, daß der Zustand, in dem wir dieselben im ganzen Verlaufe der Weltgeschichte treffen, unmöglich ihr letztes Endziel, ihre höchste Bestimmung sein kann. Daher die Unruhe; daher das Drängen und Treiben; daher die überall, in allen Ländern und Völkern, sich kundgebende Unzufriedenheit; daher dieses Wogen, das sich wie ein strömendes Meer durch die ganze Geschichte hindurchzieht; daher endlich dieses Geschrei nach Fortschritt, so blind und unverständig es auch großentheils sein mag. Was die Schwere in dem Körper, ist das, dem Wesen des Menschen untrennbar anhaftende Streben nach einem anderen, besseren, glücklicheren Leben, in der Seele.

II.

Dieser geheimnißvolle geistige Drang in der Menschheit ist uns nun von Christus in seiner vollen Bedeutung erklärt. Er ist der Lehrer jener wahren Weisheit geworden, die alle Dinge in ihrer Wesen-

heit aufbeckt. Im sehnsüchtigen Verlangen nach ihr hatte
einst Salomon gebetet: „Gott meiner Väter und Herr der
Barmherzigkeit, der du Alles durch dein Wort geschaffen
und durch deine Weisheit den Menschen bestimmt hast, daß
er über die Geschöpfe herrsche, ... daß er den Erdkreis
regiere mit Billigkeit und Gerechtigkeit, ... gib mir die
Weisheit, die bei deinem Throne steht und verstoße mich
nicht aus der Zahl deiner Diener, denn ich bin ein Knecht
und ein Sohn deiner Magd, ein schwacher Mensch von
kurzer Lebensdauer und von zu geringer Einsicht in das
Recht und die Gesetze. Wenn einer unter den Menschen=
kindern aber auch vollkommen wäre, so ist er doch, wenn
ihm deine Weisheit fehlet, für Nichts zu achten. ... Bei
dir ist deine Weisheit, die deine Werke kennet und auch
damals zugegen war, als du den Erdkreis machtest, die da
wußte, was wohlgefällig in deinen Augen, und was recht
ist nach deinen Geboten. Sende sie herab von deinem hei=
ligen Himmel und von dem Throne deiner Hoheit, daß sie
bei mir sei und mit mir arbeite, damit ich wisse, was dir
angenehm sei. Denn sie weiß und verstehet Alles und wird
mich klüglich leiten in meinen Werken. ... Wer wird
deinen Sinn erkennen, wenn du ihm nicht Weisheit gibst
und deinen heiligen Geist aus der Höhe sendest, daß die
Wege derer, die auf Erden sind, gebessert werden [1]?“

Das war wahrhaft ein Gebet zu Gott im Namen
des ganzen Menschengeschlechtes, und Gott hat es in über=
reichem Maße erfüllt. Jene Weisheit, die am Throne

---

1) Buch der Weisheit K. 9.

Gottes steht, die da wohnet in dem heiligen Himmel auf dem Throne seiner Hoheit, jener heilige Geist aus der Höhe, er ist zu den Menschen in Christus persönlich herabgestiegen. Er selbst ist der Lehrer Jener geworden, die da auf Erden wohnen, damit ihre Wege gebessert würden und hat den heiligen Geist aus der Höhe gesendet, damit sie wieder lernten, was gottgefällig sei. Mit der wahren Weisheit hat er den Menschen zugleich die höchsten Güter zugetragen, die ihre Beseligung bewirken können: die göttliche Liebe und die höchste Einigung. Seine ganze erhabene Aufgabe ist in dem Worte zusammengefaßt, welches er am Vorabend seines Leidens an seinen Vater richtete: „Aber ich bitte nicht für sie (die Apostel) allein, sondern auch für Diejenigen, die durch ihr Wort an mich glauben werden, damit Alle Eins seien, wie du, Vater! in mir bist, und ich in dir bin, damit auch sie in uns Eins seien[1].“ Weiter konnte die Erbarmung Gottes gegen die Menschen nicht gehen; damit ist Alles gegeben. In Gott sind alle Güter der Wahrheit, Liebe und Glückseligkeit enthalten. Dadurch aber, daß die Menschen durch Christus zu dieser Einigung mit Gott erhoben werden, werden sie zugleich aller jener Güter im höchsten Grade theilhaftig.

III.

Diese vom Himmel niedersteigende göttliche Weisheit und Liebe hat aber nicht, wie es sich gebührt hätte, einen

---

[1] Joh. 17, 20. 21.

jubelnden Triumphzug auf Erden unter den Menschen, die sie erlösen und beseligen wollte, gefeiert. Sie haben zu einem großen Theile diese Hülfe vom Himmel von sich gestoßen, sie haben die Finsterniß mehr geliebt als das Licht[1]), sie haben Christus ans Kreuz geschlagen; und derselbe Geist, der diese Unthat vollbrachte, hat seitdem ohne Unterlaß auch die Kirche Christi bekämpft und beschädiget. Er hat sie gehindert, ihre unermeßlichen Schätze göttlicher Liebe und Barmherzigkeit den Menschen mitzutheilen; er hat die Christenheit selbst zerrissen und von dem Einen Leibe Christi die Glieder abgetrennt.

Daher die unselige Spaltung der christlichen Kirchen im Morgen= und Abendlande, welche die Aufgabe des Christenthumes so namenlos fort und fort beeinträchtiget.

Daher jene unglückliche Trennung von der katholischen Kirche im Abendlande, die seit dreihundert Jahren gleichsam in unseren eigenen Eingeweiden wüthet und Verderben bringt.

Daher im Protestantismus selbst die zahllosen Zerklüftungen und Spaltungen, die nur dort noch einen scheinbaren Damm finden, wo die Staatsgewalt ihnen ein äußeres Hemmniß entgegenstellt.

Daher endlich der neue Feind, der mit dem Deismus in die Welt eingetreten und mitten in der Christenheit selbst das Christenthum bekämpft. Er hat damit begonnen, eine übernatürliche Offenbarung, d. h. einen Verkehr zwischen Gott und dem Menschen auf anderem Wege als dem

---

1) Joh. 3, 19.

der Natur und der sich selbst überlassenen Vernunft, zu
läugnen. Damit war zugleich Christus und das Werk
Christi seiner Göttlichkeit entkleidet; er war nicht mehr die
Weisheit, die am Throne Gottes steht und aus der Höhe
zu den Menschen herabgestiegen ist. Von der Läugnung
der übernatürlichen Offenbarung ist aber dieser Geist fort=
geschritten zur Läugnung jeder übernatürlichen Ordnung,
zur Läugnung eines übernatürlichen Gottes. Diesem Feinde
stehen wir jetzt gegenüber. Ernste Geister, wie der Prote=
stant Guizot, theilen bereits die Menschen in zwei feind=
liche Lager, wo auf der einen Seite jene stehen, die an
einen persönlichen Gott glauben, auf der andern jene, die
sein Dasein läugnen.

IV.

Diesem unseligen Zustande gegenüber macht sich in
allen treuen Christenherzen mehr und mehr ein tiefer
Schmerz geltend über die Spaltungen, die in der Christen=
heit selbst vorhanden sind. Sie erkennen es, daß der na=
menlose Greuel, daß achtzehnhundert Jahre, nachdem der
Sohn Gottes auf Erden erschienen ist, mitten in der Chri=
stenheit, die Thoren nicht nur in ihrem Herzen, sondern
von den Dächern und Lehrstühlen herab, sagen dürfen:
„Es ist kein Gott 1)“ — nur durch die Spaltungen in ihr
möglich ist. An diesem Schmerze sollen sich nun alle Ka=
tholiken aus ganzer Seele und aus der Tiefe ihres Her=
zens betheiligen. Welch ein unseliger Abstand zwischen dem,

---

1) Dixit insipiens in corde suo: Non est Deus. Ps. 13, 1.

was Christus wollte, als er betete: „Damit Alle Eins
seien, wie du, Vater! in mir bist und ich in dir, damit sie
so in uns Eins seien," und dem Zustande, in welchem wir
jetzt die Christenheit vor uns sehen.

Es ist daher unsere Pflicht, so viel an uns liegt, Al=
les beizutragen, was wir vermögen, um die Wiedervereinigung zu bewirken. Das größte Gebäude besteht aus
kleinen Steinen, und kein Katholik soll es verschmähen, hier=
für zu wirken, wenn er auch nur Weniges zu thuen im
Stande ist. Namentlich scheinen uns aber zwei Mittel ge=
boten, die wir Alle anwenden können.

Das erste ist das Gebet um die Wiedervereinigung
der christlichen Confessionen. Möchte Gott uns Mittel und
Wege zeigen, um dieses einmüthige Gebet nach einem all=
gemeinen Plane unter allen Christenseelen zu verbreiten,
die nach der Wiedervereinigung der christlichen Confessionen
seufzen! Das Gebet hat so große Verheißungen von Chri=
stus empfangen und er selbst hat uns versprochen: „Alles,
um was ihr meinen Vater in meinem Namen bitten wer=
det, wird er euch geben 1)." Welche Kraft muß daher dasselbe
erlangen, wenn wir uns alle mit Christus, unserem Hohen=
priester, vereinigen und uns jenem Gebete anschließen, das
er selbst, als das Letzte und Höchste in seinem irdischen Le=
ben verrichtet hat: „Ut omnes unum sint, damit Alle Eins
seien, wie du Vater in mir und ich in dir, damit sie so in
uns Eins seien." Dieser Gedanke hat schon in den letzten
Jahren vielfache Anregung gefunden; möchte er immer

---

1) Joh. 16, 23. Matth. 21, 22.

wärmer, immer allgemeiner, immer kräftiger sich geltend
machen! Wir bitten alle treuen Christenherzen, die diese
Zeilen lesen, Apostel desselben zu werden und ihn in ihren
Kreisen zur Anerkennung zu bringen. Es ist bereits der
Versuch gemacht worden von einigen hervorragenden Män=
nern, durch persönliches Zusammentreten eine Annäherung
unter den getrennten Confessionen zu bewirken. So sehr
wir uns über jeden derartigen Versuch freuen, so wissen
wir doch nicht, ob es in Gottes Rathschluß liegt, ihm einen
größeren Erfolg zu geben. Mehr als über dieses Alles
würden wir uns aber darüber freuen, wenn die Frage über
die Gründung eines allgemeinen Gebetvereines
unter Allen, die noch an Christus als den einzigen einge=
borenen Sohn Gottes glauben, von Männern aus den ver=
schiedensten christlichen Confessionen berathen werden könnte.
Wir meinen das allgemeine Gebet, ut omnes unum sint,
daß Alle Eins seien, könne von Gott. nicht unerhört
bleiben.

Das zweite Mittel, um für diese Wiedervereinigung
zu wirken, liegt auf unserer Seite darin, daß wir alle Aer=
gernisse unter uns entfernen und die erhabenen übernatür=
lichen Wahrheiten des Christenthums auch in unserem Leben
darzustellen suchen. Nichts hält die Welt, so weit sie
guten Willens ist, so sehr von der Anerkennung der gött=
lichen Wahrheit in der katholischen Kirche ab, als wenn diese
göttlichen Wahrheiten durch die Sünden ihrer Kinder. gleich=
sam zugedeckt und den Augen der Welt verborgen werden.
Fast alle Vorwürfe, die der Kirche gemacht werden, beruhen
ja auf Mißverständnissen, und die Quelle der Mißverständ=

niſſe iſt vielfach die Unvollkommenheit und die Sünde in den Gliedern der Kirche.

Es genügt aber in unſerer Zeit noch nicht, mit raſtloſem Eifer den Aergerniſſen und Mißſtänden ent= gegenzutreten, — wir müſſen zugleich auch nach den höchſten Tugenden des Chriſtenthumes ſtreben und das übernatürliche Leben, welches die Blüthe des Chriſtenthumes zu jeder Zeit geweſen iſt, einer Welt gegenüber darſtellen, die ſo weit geht, alles Uebernatürliche zu läugnen. Die weltüberwindende Kraft des Chriſtenthumes hat zu jeder Zeit in der Entwickelung dieſer Seite ſeines Lebens gelegen. Es iſt eine Verkennung der ganzen wunderbaren Geſchichte der Kirche, wenn wir glauben, daß eine bloß natürliche Gerech= tigkeit und ein ganz gewöhnliches Alltagsleben, wenn es ſich nur von groben Verirrungen fern halte, genüge, um den Geiſt zu überwinden, der jetzt in der Welt iſt. In je= dem Jahrhundert — von jenen Märtyrern auf den Blut= gerüſten und den Anachoreten in den Wüſten angefangen, — wo das Chriſtenthum große Siege errungen hat über Lüge und Irrthum, haben ſich dieſelben an das Leben der Heiligen geknüpft. Heilige Biſchöfe, heilige Prieſter, hei= lige Mönche, heilige Laien haben die Welt überwunden, waren die Mehrer des Reiches Chriſti. So wird es auch in Zukunft bleiben. Wir müſſen daher die bequemen For= men des Alltagslebens durchbrechen und uns den hohen Formen des heiligen Lebens unterwerfen, wenn wir die Sehnſucht unſeres Herzens, die Verbreitung des Reiches Chriſti, die Wiedervereinigung der chriſtlichen Confeſſionen erreichen wollen. Die Pflege dieſes heiligen Lebens iſt zu=

16*

erſt die Aufgabe unſerer Ordensſtände, und nur deßhalb
fordern wir auch die Freiheit, Orden zu ſtiften, weil ſie
die Pflanzſchulen der Heiligkeit ſein ſollen.
Neben dem Ordensſtande iſt es aber vor Allem der Prie=
ſterſtand, der das übernatürliche Licht in ſich leuchten laſ=
ſen muß, um die Sendung zu erfüllen, die er von Chriſtus
erhalten hat. Welch eine Aufgabe liegt da vor uns; möch=
ten wir ſie erfüllen! Dies wird aber nach meiner innig=
ſten Ueberzeugung im reichſten Maße dann geſchehen, wenn
das gemeinſchaftliche Leben der Prieſter ſich wieder verbrei=
tet, denn das war zu jeder Zeit die vom heiligen Geiſte
der Kirche gegebene Form für das höhere, übernatürliche,
prieſterliche Leben [1]).

V.

Bei aller Sehnſucht nach der Wiedervereinigung aller
chriſtlichen Confeſſionen dürfen wir Katholiken aber nie die
Wahrheit verbergen, daß wir bei einer Wiedervereinigung
nur an eine Rückkehr zur katholiſchen Kirche denken können.

Die katholiſche Kirche beruht weſentlich auf zwei
Grundſätzen, die ſie von jeder andern chriſtlichen Confeſſion
unterſcheiden, deren Werth aber in unſeren Tagen durch alle
Zeitereigniſſe eine neue Beſtätigung findet.

Der erſte Grundſatz entſpringt aus der Lehre einer
äußeren Verbindung mit Chriſtus durch die ununterbrochene
Fortſetzung des Apoſtolates. Das Chriſtenthum iſt weſent=

---

1) Siehe Lettre de Monseigneur l'Evéque d'Orléans au sujet de
la vie et des opuscules d'Holzhauser par l'Abbé Gaduel. Orléans
1861. Seite I--XXII.

lich die fortgesetzte reale Theilnahme an Christus, an
seiner Lehre, an seinen Gnadengaben; es ist im Großen
die fortgesetzte Communion mit Christus. Christus aber
theilt sich den Menschen mit durch das Werkzeug des
Apostolates. Es ist eine vollkommen unrichtige Vorstellung,
als ob das Priesterthum so zwischen Christus und dem ein=
zelnen Christen stände, daß ein unmittelbarer Verkehr zwi=
schen Christus und dem einzelnen Katholiken nicht stattfinde.
Das ist eine irrige protestantische, aber nicht die wahre ka=
tholische Auffassung der Stellung des katholischen Priester=
thums. Der Priester, der bei der heiligen Communion Chri=
stus selbst der gläubigen Seele spendet, ist n i c h t d e r Z w i=
s ch e n t r ä g e r zwischen Christus und der Seele, sondern er
ist nur der A u s s p e n d e r der Gnaden Christi an die Seele.
Das fortgesetzte äußere Apostolat in der Kirche von Chri=
stus durch alle Zeiten ist vielmehr nur der Kanal, durch
den die Lehren und die Gnaden Christi fließen, um sich in
alle Seelen zu ergießen. Ein Bild dieser Verfassung der
Kirche finden wir in allen Werken Gottes. Der Baum
theilt sein inneres Leben allen Zweigen mit unter der Be=
dingung, daß sie äußerlich mit ihm zusammenhängen. Die=
ser äußere Zusammenhang ist nicht das Leben selbst; auch
wenn dieses geschwunden ist, bleiben noch Stamm und Aeste
und Zweige miteinander verbunden. Die äußere Verbin=
dung ist aber der Kanal, wodurch sich das innere Leben
ergießt, und der Zweig, der äußerlich getrennt ist, hat an
dem inneren Leben keinen Antheil mehr. Ganz so ist es
auch am menschlichen Körper. Die Theilnahme an dem in=
neren Leben ist bedingt durch den äußeren Zusammenhang

der Glieder, ohne daß der äußere Zusammenhang das innere Leben ausmachte. Er ist gleichfalls nur der Kanal des Lebens, aber eben deßhalb ist das von diesem äußeren Zusammenhang getrennte Glied vom innern Leben abgeschnitten, womit jedoch die Möglichkeit eines außerordentlichen Einwirkens der göttlichen Gnade und Vorsehung auf dasselbe nicht geläugnet wird.

Wir könnten ein ähnliches Verhältniß an allen socialen und staatlichen Verbindungen unter den Menschen nachweisen.

So ist es nun auch in der Kirche, die der Apostel bald den Leib Christi[1]), bald die Gemeinschaft[2]) nennt, von der Christus das Haupt ist. Sie besitzt in dem Apostolate, in dieser von Christus bis auf die Gegenwart ohne Unterbrechung fortdauernden Bevollmächtigung, eine äußere Verbindung mit dem auf Erden erschienenen Christus, welche die wesentliche Bedingung der inneren Lebensgemeinschaft mit ihm ist. Wir können hie ganze Bedeutung des Apostolates in der katholischen Kirche in dem einen Worte zusammenfassen: Es ist die Fortpflanzung des Auftrages, den Christus den Aposteln gegeben hat. Das Wesen der bischöflichen Weihe in der Kirche besteht darin, daß wie Christus den Aposteln gesagt hat: „Wie mich der Vater gesandt hat,

---

1) Vos autem estis corpus Christi. I Cor. 12, 27. Multi unum corpus sumus in Christo. Rom. 12, 5.

2) Gott hat ihn zum Haupte über die ganze Kirche gesetzt, welche sein Leib ist. Ephes. 1, 22.

so sende ich euch [1])," so der eine Bischof zu dem andern spricht: Die Sendung, die mir Christus ertheilt hat, übertrage ich in Christi Namen und Kraft auf dich. Durch das Apostolat strömen daher alle göttlichen Vollmachten, die Christus auf die Apostel übertragen hat, in ununterbrochener Dauer durch alle Zeiten des Bestehens der Kirche; die innere Kraft aber, die sich durch diese äußere menschliche Form in alle Glieder der Kirche, die mit ihr in der rechten Verbindung stehen, ergießt, ist das göttliche Leben Christi selbst.

Diesen beiden Seiten der Kirche entspricht auch zugleich ihre Lehre von den Sacramenten. Die Kirche selbst ist das große Sacrament, woran sich die sieben Sacramente ausgestalten. Wie Christus in der Menschengestalt erschienen ist, so erscheint auch jetzt noch das Christenthum in einer äußeren menschlichen Verfassung, die sich unmittelbar an die Person Christi selbst anschließt und in ihr ihren Ursprung hat. Wie aber unter der menschlichen Gestalt Jesu Christi die Fülle der Gottheit [2]) verborgen war, so sind auch unter dieser äußeren Institution des Apostolates alle göttlichen Schätze des Christenthumes verborgen. Daher legen wir einen so hohen Werth auf die ununterbrochene Reihenfolge unserer Bischöfe bis zu Christus hinauf. Es ist dieselbe Gesinnung, mit der einst Tertullian schon im zweiten Jahrhundert den Irrlehrern seiner Zeit, den Gnostikern zurief: „Es sollen die Häretiker mit den Anfängen ihrer Kirchen auf-

---

1) Joh. 20, 21.

2) In ihm (in Christo) wohnet die ganze Fülle der Gottheit leibhaftig. Kol. 2, 9.

treten, die Reihenfolge ihrer Bischöfe entwickeln, die sich so durch ihre Aufeinanderfolge abwindet, daß der erste Bischof einen von den Aposteln oder Apostelschülern, der jedoch in der Gemeinschaft der Apostel verblieben ist, an der Spitze oder zum Vorgänger habe. In dieser Form weisen nämlich die apostolischen Kirchen ihre Abstammung nach; wie die Kirche der Smyrnaer die Einsetzung des Po= lykarp auf Johannes, ebenso die römische die Ordination des Clemens auf Petrus zurückführt, wie auch die übrigen ihre Bischöfe aufzählen, welche sie von den Aposteln einge= setzt, als Ableger des apostolischen Samens haben [1]." An einer andern Stelle fordert er die Irrlehrer auf: „Durch= wandere die apostolischen Kirchen, in welchen die Lehrstühle der Apostel selbst noch ihres Ortes den Vorsitz inne haben, bei welchen ihre ächten Schriften abgelesen werden, wie sie eines Jeden Stimme wiedertönen, eines Jeden Bild wieder darstellen. Liegt dir Achaia zunächst, so hast du Korinth; bist du nicht weit von Macedonien, so hast du Philippi... Wohnest du nahe an Italien, so hast du Rom, woher auch wir (Afrikaner) unsere Gewährschaft haben. Wie glücklich diese Kirchen, in welche die Apostel die gesammte Lehre mit ihrem Blute ausgegossen haben!... Lasset uns sehen, was sie gelernt, was sie gelehrt haben [2]." Wieder an einer andern Stelle fragt Tertullian die Gnostiker in Bezug darauf, daß die Irrlehrer sich auf die Schrift berufen, die doch der Kirche gehöre, und deren wahren Sinn nur sie

---

1) De Praescript. c. 31.
2) De Praescript. c. 35.

besitze: „Wer seid ihr, wann oder woher seid ihr gekom=
men? Was treibt ihr, die ihr nicht zu mir gehöret, in dem
Meinigen? Mit welchem Rechte, Marcion, verwüsteft du
meinen Wald? Mit welchem Fug, Valentin, leiteft du meine
Quellen ab? Mit welcher Vollmacht, Apelles, verrückeft
du meine Markfteine? Mein ift der Befit, was fäet und
weidet ihr da nach eurem Gefallen? Mein ift der Befit;
ich befite feit Urzeit, befite früher, habe fefte Grundbücher
von denen, welchen die Sache gehörte; ich bin der Erbe
der Apoftel. Wie fie es in ihrem Teftamente verordnet,
wie fie es auf Treue vermacht, wie fie darauf vereibet
haben, fo befite ich's[1].“ Zur felben Zeit drückt der große
Bifchof und Märtyrer Jrenäus, der als Repräfentant der
allgemeinen Anfchauungsweife im Morgen= und Abendlande
gelten kann, diefelbe Wahrheit unter Anderem mit den
Worten aus: „Auf die Bifchöfe der Kirche muß man deß=
halb merken, auf die, welche die Nachfolge haben von den
Apofteln her, wie wir nachgewiefen, und welche mit der
Succeffion im bifchöflichen Amte das fichere Gefchenk der
Wahrheit nach dem Wohlgefallen des Vaters empfangen
haben[2].“ Auf diefen erhabenen Vorzug kann daher die
katholifche Kirche nicht verzichten. Wie der dünne Draht
an fich von geringem Werthe ift, als Mittel aber dazu
dient, den elektrifchen Funken und mit ihm den menfch=
lichen Gedanken von einem Ende der Welt in einem Augen=
blick zum anderen zu tragen, fo ift es auch mit diefer

1) De Praescript. c. 36.
2) Adv. haeres. IV. c. 26. n. 2.

Reihenfolge des Apostolates. Mögen die Bischöfe auch an
sich arme Menschen sein, so sind sie durch Gottes Willen
die Träger der christlichen Gnaden und führen das Leben,
das in Christo ist, als Leiter und Werkzeuge durch alle
Jahrhunderte zu jeder Seele, die durch Christus das Leben
empfangen soll.

Der zweite wesentliche Grundsatz der Kirche besteht
in der Behauptung einer Lehrautorität, die vermöge
eines höhern übernatürlichen Beistandes in Bezug
auf die Lehre Christi nicht irren kann. Der Protestantismus behauptet, daß wir das Wort Gottes nur durch die
Vermittelung der heiligen Schrift haben; der Katholicismus
dagegen, daß wir es hauptsächlich und vor Allem durch das
lebendige Lehramt in der Kirche besitzen. Wir brauchen nur
kurz an das bisher Gesagte zu erinnern, um zu erkennen, wie
tief und entscheidend dieser Gegensatz ist. In ihm liegt
ohne Zweifel das ganze Wesen und der letzte Grund der
religiösen Trennung. Dieser Unterschied ist so groß, daß
er eine Verschmelzung beider Grundsätze unmöglich macht,
und eine Vereinigung nur dann zuläßt, wenn der eine oder
andere Grundsatz aufgegeben wird.

Wir haben in der bisherigen Abhandlung nachgewiesen, daß der Begriff von sittlicher Freiheit, wie ihn die
katholische Sittenlehre feststellt, maßgebend für jede Freiheit
auf allen anderen Gebieten ist, und daß folglich überall
nur das Handeln ein freies genannt werden kann, das aus
innerer Selbstbestimmung hervorgeht. Die Selbstbestimmung bildet das Wesen der Freiheit. Von der so verstan-
denen Freiheit hängt aber wiederum so sehr die ganze

Würde des Menschen ab, daß ohne sie ein menschliches Thun und Handeln gar nicht vorhanden ist. Auf der anderen Seite aber ist, wie wir gesehen haben, der rechte Gebrauch der Freiheit überall abhängig von der Anerkennung der Autorität. Autorität ohne Freiheit zerstört dadurch die Menschenwürde, daß sie die Individualität vernichtet; Freiheit ohne Autorität zerstört die Menschenwürde, indem sie des Menschen Zusammenhang mit Gott und den Mitmenschen zerreißt, woraus allein sie ihre Nahrung und Bedeutung schöpft. Die große Frage für die Menschen ist es daher, eine wahre und rechtmäßige Autorität zu finden, unter deren Führung die Individualität nicht erdrückt, sondern zur wahren Vollendung emporgehoben wird. Die ganze Weltgeschichte ist voll von Autoritäten, welche die Blüthe der menschlichen Individualität mit Füßen getreten, und die Menschheit erniedrigt haben; wie sie auf der anderen Seite voll ist von dem Mißbrauche des Rechtes, das den Individuen in der von Gott ihnen gegebenen Freiheit eingeräumt ist. Kein Gegenstand bedarf daher einer ernsteren Prüfung als der, ob Gott dem Menschen in der That eine Autorität gegeben habe, die der Mensch anerkennen darf, um in dem rechten Verhältniß zwischen Autorität und Freiheit seine höchste Bestimmung zu erreichen; oder ob das arme Menschengeschlecht ohne Unterlaß den zerstörenden Schwankungen zwischen dem Mißbrauch der Autorität und der individuellen Freiheit bis ans Ende überantwortet sein soll.

Der Protestantismus glaubt nun eine solche höhere Autorität in dem geschriebenen Worte Gottes zu besitzen.

Abgesehen aber davon, daß in dem ganzen neuen Testa=
mente sich kein Wort darüber findet, daß es die Absicht
Christi war, seine Lehre durch die Bibel zu verbreiten,
während vielmehr Christus selbst immer von einem Lehr=
amte redet, wodurch sein Evangelium allen Menschen und
allen Völkern zugetragen werden sollte; abgesehen also da=
von, daß der erste Satz, auf dem der ganze Protestantis=
mus beruht, nicht in der Bibel steht, können wir es auch
nur als eine große Selbsttäuschung betrachten, wenn der
Protestant glaubt, seine religiöse Ueberzeugung auf das
Wort Gottes und also im letzten Grund auf etwas von
Gott Gegebenes zu gründen. Wir müssen nämlich an der
Bibel wohl unterscheiden den Buchstaben, die äußere Form,
und die göttlichen Wahrheiten, die in dieser Form enthal=
ten sind. Die Bibel selbst bietet uns zunächst lediglich
die äußere Form, in welche die Gesandten Gottes, insbeson=
dere der Sohn Gottes, ihre Gedanken gekleidet haben. Es
kommt nun darauf an, die Wahrheiten zu finden, die in
diesen äußeren Ausdrücken, welche die Bibel uns bietet,
enthalten sind. Erst auf diesen inneren Sinn kann dann
der Mensch seine religiöse Ueberzeugung aufbauen. Wenn
wir nun in der That, wie der Protestantismus be=
hauptet, Nichts als die Bibel hätten, so folgte daraus
mit innerer Nothwendigkeit, daß wir zwar äußere Formen
besäßen, in denen göttliche Wahrheiten, die uns eine Auto=
rität sein könnten, ausgesprochen sind, daß wir aber diesen
äußeren Formen, in so weit sie einen vielfachen Sinn zulassen,
durch rein subjective Deutung einen geistigen Inhalt unter=
stellen müßten, bei dem wir wieder gar keine Gewißheit

hätten, ob diese Deutung lediglich Menschengedanken enthalte, ober ob sie bem höheren göttlichen Gedanken entspreche. Mit einem Worte: Der Protestant gründet seinen Glauben zwar auf eine Form, bie von Gott stammt; in biese äußere Form aber, bie seinen Geist nicht unmittelbar berühren, seine Ueberzeugung nicht unmittelbar tragen kann, legt er einen Gebanken, ben er lebiglich selbst ohne alle höhere Autorität gebilbet hat, so baß er nicht mit voller Gewiß= heit entscheiden kann, ob sein ganzes Gebankengebäube auf bem Sanbe hinfälliger menschlicher Ansichten ober auf bem ewigen Felsen göttlicher Offenbarungen beruht. Nur bie Zeitgenossen Christi wären bann so glücklich gewesen, auf seine lebenbige Lehre als einen göttlichen Grunb ihren Glau= ben aufzubauen, währenb wir Alle, bie wir nach Christus leben, nur bie tobte Form ber Lehre Christi besäßen, ber wir burch rein menschliche subjective Deutung ben Inhalt geben müßten. Wohin es mit bieser Ansicht von bem Worte Gottes gekommen, bas lehrt bie Erfahrung, unb es ist wahrlich entsetzlich zu sehen, wie in unserer Zeit biese bib= lische Form, bie von Gott stammt, von ben Feinben Gottes unb seines Gesalbten Jesus Christus benützt wirb, um ba= mit Gott unb Christus zu läugnen. Wie konnte bas in bem Plane Gottes liegen, ber beßhalb vom Himmel zur Erbe herabstieg, um uns nicht bie leere Form ber Weisheit, son= bern ihren lebenbigen Inhalt selbst vom Himmel herabzu= tragen? Die Bibel ist zunächst nur ein göttliches Gefäß; wenn Christus aber es lebiglich uns Menschen überlassen hätte, bieses Gefäß mit geistigem Inhalt auszufüllen, so konnte es nicht ausbleiben, baß ber Geist ber Lüge balb

Gift hineingießen würde, um unter diesem erhabensten
Scheine des Wortes Gottes nicht Leben, sondern Tod zu
verbreiten.

Die katholische Kirche dagegen glaubt, eine höhere
Autorität in dem lebendigen Worte Gottes, in dem von
Christus gestifteten Lehramte, zu besitzen. Diese Ansicht
findet auf jeder Seite der heiligen Schrift ihre Bestätigung,
da das ganze neue Testament ohne Unterlaß nur von
einer mündlichen Verkündigung des Evangeliums redet, und
bietet zugleich allein einen festen, ausreichenden Grund für
eine höhere, im eigentlichen Sinne auf Gottes Wort gegrün=
dete Ueberzeugung. Die Lehrautorität der katholischen Kirche
ist nämlich erstens geistig=lebendig; sie ist zweitens nicht ein
bloß menschliches Werk, sondern sie hat einen übernatürli=
chen Charakter durch den Beistand Christi und des heiligen
Geistes. Als Christus die Apostel in die Welt aussandte,
um alle Völker zu lehren — nicht um Bücher zu schreiben,
— da hat er ihnen die Verheißung gegeben: „Und siehe,
ich bin bei euch alle Tage bis an's Ende der Welt[1]."
In derselben Absicht hatte er ihnen gesagt: „Ich will den
Vater bitten, und er wird euch einen andern Tröster geben,
damit er in Ewigkeit bei euch bleibe, den Geist der Wahr=
heit . . . Dieser wird euch Alles lehren und an Alles er=
innern, was immer ich euch gesagt habe[2]." Nur unter
der Voraussetzung dieses übernatürlichen göttlichen Beistan=
des konnte Christus auch über die Pflicht, die Apostel zu

1) Matth. 28, 20.
2) Joh. 14, 16. und 26.

hören, sagen: „Wer euch hört, der höret mich, und wer euch
verachtet, der verachtet mich [1]." In diesem Zusammenhang
sagt dann auch der Apostel Paulus: „Jeder, der den Na=
men des Herrn anruft, wird selig werden. Wie werden sie
nun Den anrufen, an den sie nicht glauben? oder wie wer=
den sie an Den glauben, von welchem sie nicht gehört ha=
ben, und wie werden sie hören ohne Prediger, und wie
können sie predigen, wenn sie nicht gesandt werden?" Aus
der ganzen Beweisführung zieht dann der Apostel den
Schluß: „So kommt also der Glaube vom Hören, das
Hören aber von der Verkündigung des Wortes Gottes [2]."

Auf diesen beiden Gedanken, von dem Fortbestehen des
lebendigen Wortes Gottes, seinem Inhalte und seinem
Geiste nach, und einem übernatürlichen göttlichen Beistande,
um diesen Inhalt in seiner vollen Reinheit zu erhalten,
beruht die ganze Lehre der katholischen Kirche von der Lehr=
autorität in ihr. Nur unter diesen beiden Bedingungen,
kann aber überhaupt von einer Ueberzeugung auf einem an=
dern als einem rein menschlichen und subjectiven Grund die
Rede sein. Wenn im innersten Heiligthum der Seele des
Menschen etwas Höheres, was ihm Autorität ist und sein
darf, hinzutreten soll, wodurch seine Ueberzeugung über ihre
eigene innere Kraft erhoben wird, so muß es erstens
etwas Geistiges, ein Gedanke sein, denn nur dieser
kann durchdringen bis in jenes Heiligthum der Seele,
während die Form vor der Thüre stehen bleibt; und es

---

1) Luk. 10, 16.
2) Röm. 10, 13—15. 17.

muß zweitens ein Gedanke sein, der eine göttliche Weihe an sich trägt, denn nur ein von Gott kommender Gedanke ist eine Autorität für den menschlichen Gedanken. Das ist aber die Lehre von der Autorität in der katholischen Kirche, die dadurch dem tiefsten Bedürfnisse der Menschheit entspricht. Der auf sie gegründete Glaube allein ist wahrhaft ein gott= menschlicher Act, in dem die Seele auf einem göttlichen Grunde ruht. In ihm vereinigen sich Autorität und Frei= heit zur vollkommenen Harmonie, so daß im katholischen Glaubensacte stattfindet, was David gesungen hat: „Barm= herzigkeit und Wahrheit begegnen sich, Gerechtigkeit und Friede küssen sich, die Wahrheit sprosset aus der Erde her= vor, und die Gerechtigkeit schauet vom Himmel herab. Gü= tigkeit gibt der Herr und unsere Erde gibt ihre Frucht [1].“ Entweder besitzen die Menschen keine höhere Autorität, die ihre Freiheit leitet, oder sie besitzen sie in der katholischen Kirche.

Es erübrigt mir nur noch hier, um Mißverständnissen vorzubeugen, zu wiederholen, daß diese unfehlbare Lehrau= torität der Kirche sich durchaus nur, wie wir schon frü= her gesagt haben, auf die Wahrheiten bezieht, die Christus gelehrt hat, und daß dieselbe nicht unmittelbar an dem einzelnen Bischof haftet, sondern an der Gesammtheit des Episkopates in seiner Verbindung mit dem Nachfolger des h. Petrus. Sobald der einzelne Bischof aus dieser Gesammt= verbindung hinaustritt, trennt er sich von jenem Strome lebendiger Wahrheit, der in Christus durch den ganzen Leib der Kirche fließt.

---

1) Pf. 84, 11—13.

VI.

An die Stelle diefer göttlichen gnadenvollen Autorität will jetzt der Weltgeift eine andere fetzen. Er betrügt die Menfchen um jede wahre Freiheit und will fie Alle der Zucht feines allgewaltigen Gefetzes unterwerfen. Er betrügt die Menfchen um das füße Joch Chrifti, um die von ihm gegründete göttliche Autorität, und will durch Majoritäten in den Kammern und durch das Zufammenwirken einer allgemeinen Verfchwörung in der Preffe uns ein neues menfchliches Joch auf den Nacken legen. Diefe Richtung hat eine beifpiellofe Ausdehnung gewonnen und überall fieht man, wie fie die Netze zufammenziehen, um jede freie Bewegung des Chriftenthumes für die Zukunft faft unmöglich zu machen. Möge diefes Schriftchen dazu beitragen, diefe Sachlage klar zu machen, um alle treuen Chriftenherzen, denen es zu Geficht kommt, zum Kampfe dagegen aufzu= fordern! Das nächfte und größte Bedürfniß für die Ent= faltung chriftlicher Gedanken und chriftlichen Lebens in diefer Zeit ift die Selbftftändigkeit der Kirche unter den allgemeinen Gefetzen, wie wir fie früher befchrieben haben, und die rechte Stellung der Schule zu Haus, Staat und Kirche. Der Hauptgegner aber, der diefen gerechten Forderungen entgegen fteht, ift der Abfolutismus in feinen alten Re= miniscenzen und befonders der Abfolutismus in feiner neueften Form, dem ungläubigen, modernen Liberalismus. Möge Gott beffere und kräftigere Stimmen erwecken, um Alles, was in Deutfchland noch ein deutfches und ein chrift= liches Herz hat, zum Kampfe für diefe Güter und gegen

17

diefe Gegner aufzurufen. Möge namentlich der Klerus die Zeit verstehen und nicht bloß mit den gewöhnlichen Mitteln und auf den alten betretenen Wegen, sondern mit allen Mitteln und auf allen Wegen, die gerecht und gut sind, die Sache Gottes vertheidigen. Das christliche Volk muß belehrt wer= den, es muß die großen Fragen der Zeit erkennen, es muß die bodenlose Heuchelei des modernen Liberalismus insbesondere, es muß seine Rechte auf die Schule, es muß diesen Plan der Hölle, die Schule dem Antichristenthum dienstbar zu machen, einsehen lernen. Von jeder Kanzel muß darüber gesprochen werden, in zahllosen Blättern müssen diese Gedanken ihre Entwickelung finden. Was könnten wir für die Sache Gottes thuen, wenn wir zu einem kleinen Theile den Eifer hätten, den die Gegner Gottes haben, und mit dem sie athemlos die Welt durchrennen, um ihr Gift in jede Hütte hineinzutragen!

Aber nicht bloß der Klerus, sondern alle Männer, die das Christenthum lieben, sollen in demselben Geiste wirken. In der Presse, in den politischen Versammlungen, in allen Stellungen, die Gott ihnen auf Erden angewiesen, mit allen Mitteln, die ihnen zu Gebote stehen, sollen sie für diese großen Anliegen der Menschheit kämpfen. Wenn wir uns wehren, sobald ein Dieb in unser Haus einbricht, wenn es eine Schmach ist, die Hände in den Schooß zu legen, sobald der Feind in das Vaterland und in die Heimath raubend einfällt: wie viel schmachvoller ist es dann, wenn jetzt so viele Hände müßig hängen, während alle hohen Gü= ter der Menschheit in Frage gestellt sind! Der revolutionäre Absolutismus ist darauf aus, die Gewalt an sich zu reißen,

um dann unser liebes, gutes, deutsches Volk in den Ab=
grund des Unglaubens und der Zuchtlosigkeit zu stürzen.
Es ist viel größer und herrlicher und vor Gott verdienst=
licher, gegen sie das Christenthum zu vertheidigen, als in
träger Ruhe über die Thaten unserer Voreltern zu schwär=
men, die nach Jerusalem zogen, um die Stellen, wo das
Blut Christi geflossen war, den Ungläubigen zu entreißen.
Wer bei diesem Kampfe ruhig bleibt, wird einst am Rich=
terstuhle Gottes die Worte hören, die jener Hausvater zu
den trägen Arbeitern sprach: Wie habet ihr da den ganzen
Tag müßig gestanden ¹)! Mögen diese Worte durch Gottes
Gnade dazu beitragen, über die Lage der Gegenwart eini=
ges Licht zu verbreiten und zu diesem Kampfe einigermaßen
anzuregen.

---

1) Quid hic statis tota die otiosi? Matth. 20, 6.